René Freund

Donau, Stahl und Wolkenklang

Linzer Augenblicke

René Freund

Donau, Stahl und Wolkenklang Linzer Augenblicke

Picus Lesereisen

Picus Verlag Wien

KULTUR LAND OBERÖSTERREICH
Linz Kultur

Grafische Gestaltung: Dorothea Löcker, Wien
Umschlagabbildung: © Andreas Röbl
Druck und Verarbeitung: Remaprint, Wien
ISBN: 978-3-85452-943-9

Informationen über das aktuelle Programm
des Picus Verlags und Veranstaltungen unter
www.picus.at

Inhalt

I – Natur: Würste, Wasser, Weikerlteich

Warum Linz?!

Linz? Du schreibst ein Buch über Linz?!

Ich kann nicht verhehlen, dass die Reaktionen der lieben Mitmenschen auf mein neues Buchprojekt nicht gerade euphorisch waren. Ich hätte erzählen können, gerade das Paarungsverhalten von Einzellern zu beschreiben oder ein Buch über Briefmarkensammler des 15. Jahrhunderts zu planen: Die kaum vertuschte Verständnislosigkeit, das offen zur Schau gestellte Entsetzen wären nicht größer gewesen. Linz also. Aha.

Interessanterweise war die »Linz-gar-nicht-sexy-finden«-Quote bei den älteren Semestern bei Weitem höher als bei den jungen Leuten. Die Jungen wissen zumindest vom Hörensagen, dass Linz auch eine ganz schön coole Stadt sein kann. Für Menschen ab einem gewissen Alter aber bleibt Linz eine Industriestadt mit schmutzigen Straßen und schlechter Luft. Punkt.

Zur prinzipiellen Linz-Skepsis gesellte sich der Zweifel an meiner Befähigung, über diese Stadt zu schreiben. Ich bin hier weder geboren noch aufgewachsen, ich habe nicht einmal in Linz gewohnt. Aber seit bald zwanzig Jahren ist Linz »meine Hauptstadt«. Als überzeugter Wahl-Oberösterreicher mochte ich die Landeshauptstadt von Anfang an. Aus diesem »Mögen« ist im Lauf Hunderter Ausflüge nach Linz Zuneigung entstanden, und letztlich eine solide Beziehung.

Natürlich sehe ich Linz nicht mit den Augen eines Linzers, denn ich bin hier nicht groß geworden. Ich muss Linz nicht erst »überwinden«, wie das bei den hier Geborenen und gelegentlich von hier Geflüchteten der Fall sein mag. Vielleicht ist mir der Charme von Linz deshalb leichter zugänglich.

Das Einmalige an Linz ist für mich die durchaus nicht idyllische Verquickung von Industrie, Tradition und Moderne, von Wirtschaft, Natur und Kultur. Die Nähe zu den bäuerlichen Strukturen des Mühlviertels hat die Stadt ebenso geprägt wie die Geschichte der gigantomanischen Pläne von Speer und Hitler. Die keltische und römische Vergangenheit ist nicht nur im Namen »Lentos« präsent, und das »Lentos« ist nur ein Teil der florierenden Szene moderner Kunst, die sich in Linz in den letzten Jahren und Jahrzehnten entwickelt hat. Linz ist heute dank Ars Electronica und Kunst-Universität die wichtigste Stadt für avantgardistische Kunst in Österreich. Freilich konnte diese Entwicklung nur in einer Stadt passieren (und zum Teil ist sie der Stadt ja »passiert«), deren Gegensätze und Reibeflächen eine spürbare Spannung erzeugen. Die Reibung entsteht auch durch Mobilität, durch ständige Fluktuation: Linz, nach Wien und Graz drittgrößte Stadt Österreichs, bietet rund zweihunderttausend Arbeitsplätze, und das bei hundertneunzigtausend Einwohnern. Linz bewegt, in jeder Hinsicht.

Das Jahr 1945 stellte für Linz eine Art »Stunde null« dar. Dadurch konnte ein Neuanfang gewagt werden, und die Linzer Gründerzeit ist noch nicht vorbei. Ich habe den Eindruck, dass sie mit dem wachsenden Selbstbewusstsein der Stadt erst beginnt. Moderne Architektur ist hier nicht geduldete Konzession an die Welt von heute (wie etwa in

Salzburg), sondern – seit den fünfziger Jahren – integraler Bestandteil des Lebens. »Berlinz«, das war nicht nur ein originelles Projekt von Kunststudenten. Berlin und Linz haben durchaus Gemeinsamkeiten: die Offenheit Neuem gegenüber, städtebauliche Visionen, Aufbruchstimmung. Nur dass Berlin die Stunde null zweimal erlebte (1945, 1989). Und eine Spur größer ist …

Davon abgesehen möchte ich mit den noch immer in den Köpfen vieler Menschen verankerten Vorurteilen aufräumen: Linz reimt sich zwar auf Provinz und (wenn man die Sauberkeit des Reimes nicht zu genau nimmt) auf stinkt's, aber: Linz hat eine besser Luftqualität als – zum Beispiel – Salzburg oder Innsbruck. Und: Mehr denn je gilt im Zeitalter der physischen und geistigen Mobilität, dass Provinz keine Kategorie der Geografie darstellt, sondern eine des Denkens.

»In Linz beginnt's«: Der Spruch stammt angeblich aus dem Jahr 1934, weil in Linz die ersten Kampfhandlungen des österreichischen Bürgerkriegs stattfanden. Sonst begann nicht viel in Linz, und Kritiker dieser Behauptung konterten mit einem ebenfalls mittelmäßig gereimten: »Bald drauf hört's auf.« Auch die Fürsprecher des Slogans konnten eine entscheidende Frage niemals beantworten: Nämlich was in Linz eigentlich beginnt. Und ironischerweise begann es in Linz gerade dann, als niemand mehr behauptete, hier beginne etwas. Zum Beispiel die Ars Electronica, zum Beispiel das Brucknerfest oder das Pflasterspektakel, die spätestens seit den neunziger Jahren Fixpunkte in internationalen Kulturkalendern sind, wobei ein anderes Publikum nach Linz kommt als jenes, das immer da ist, wenn es gilt, Hochkultur als Selbstfeier einer Elite zu zelebrieren.

Und dann gibt es hier zauberische Plätze in der Natur und tolle Lokale und einen legendären Würstelstand und den lebendigen Mythos des Stahlarbeiters und ungeahnte Kulturgeheimtipps und ...

Ja, genau davon will ich Ihnen jetzt erzählen. Ich hoffe, die Linz-Anfänger ein wenig für diese Stadt begeistern und Linz-Kenner gelegentlich überraschen zu können. Alle Beschreibungen in diesem Buch sind subjektiv, und das einzig Vollständige an meinen Ansichten von und zu Linz ist deren Lückenhaftigkeit.

Warmer Hans

Dort, wo der Hauptplatz in die Donau mündet, hält sich unter den Arkaden eine Institution versteckt, die längst überregionale Bedeutung erlangt hat und quasi zur Linzer Natur gehört. Wie man den Wien-Besucher fragt, ob er im Sacher gewesen sei und den München-Touristen, ob er auch das Hofbräuhaus nicht versäumt habe, so wird der heimkehrende Linz-Abenteurer der Frage nicht entgehen: Warst du beim »Warmen Hans«?

Also. Enttäuschen Sie Ihre Lieben nicht. Gehen Sie zum »Warmen Hans«. »Tag & Nacht warme Speisen«, verspricht die Werbung, und das ist nicht ganz falsch, denn am Wochenende erlöschen die Neonlichter erst, wenn der Morgen graut und so manchem Nachtschwärmer vor dem nächsten Tag.

Obwohl der »Warme Hans« alle Kriterien für einen klassischen Würstelstand erfüllt, erlangte er nicht durch Würstel, sondern durch andere Gerichte überregionale Bedeutung. Als legendär dürfen die höllisch scharfen, hausgemachten Puszta-Laibchen bezeichnet werden, aber auch die Gulaschsuppe und der Vegi-Burger verraten, dass man beim »Hans« die Zeichen der Zeit erkannt hat: Mit ausgelaugten, lauwarmen Würsteln kommt man heutzutage kulinarisch selbst bei schwer Alkoholisierten nicht mehr durch. Und auch, wenn eine Tour durch das nächtliche Linz fast zwangsläufig beim »Warmen Hans« endet, er also eine möglicherweise nicht ganz EU-konforme De-facto-Monopolstellung hält: Hier bemüht man sich um jeden Gast. Die Damen, die in der verglasten Wurst-Festung Dienst tun, bleiben bis zum bitteren Ende ebenso freundlich wie resolut, selbst wenn das nächtliche Leben an so exponierter Stelle zwangsläufig dazu führt, dass ihnen nichts Menschliches fremd ist. Interessante Dinge kann man zu späterer Stunde beim »Hans« allemal erleben. Ich erinnere mich zum Beispiel daran, dass ein Mann unvermittelt zu mir trat und den seltsamen Satz aussprach: »Sechsunddreißig Tonnen Bananen.« Ich nickte verständnisvoll, da wurde er laut. »Verstehst du, sechsunddreißigtausend Kilo Bananen in meinem Genick!! Ich fahr bergab und kann nicht bremsen, weil die Bremse nicht geht! Geht nicht! Ich mag mich an nichts erinnern, so eine Panik hab ich gehabt. Lkw schlittert, verstehst du, schlittert!« Er wurde ganz still. »Der Fahrer lag fünfzehn Minuten im Koma, stand in der Zeitung. Die Polizei vermutet, dass der Mann psychische Probleme hat.« Kurze Pause, dann brüllte er wieder: »Danke Polizei!« Ein Blumenverkäufer kam vorbei und bot Rosen an. »Nicht mit Blumen handeln«, sagte der Lastwagenfahrer. »Die Blumen sind meine Freunde.« Sprach's und ging. Die Gäste beim »Warmen Hans« kostete das nicht einmal ein Achselzucken.

Der Name »Warmer Hans« leitet sich von Johann Bamminger ab, der einst als »Lohnschlachter« in der Nachtschicht am Linzer Schlachthof Kühe, Schweine und Kälber ins Jenseits beförderte. 1979 eröffnete Hans Bamminger mit seinen Ersparnissen jenen Würstelstand, der später nicht zufällig so berühmt werden sollte. Denn erstens verfügte Herr Bamminger über ausgezeichnete Kenntnisse der Wurst-Materie, es gab also nur die beste Qualität. Zweitens war er als »Schichtler« nachtaktiv und stand oft selbst bis sieben Uhr früh schmähführend am Grill. Und dann sorgten noch kultige Werbesprüche in deftigstem Oberösterreichisch für grenzüberschreitende Bekanntheit: »Host an recht an großen Hunga, muasst net beißen auf die Zunga. Gehst zum Würstelstand – nimmst a Wuarscht in d'Hand.«

»Warm« ist der Hans übrigens deshalb, weil er als erster Würstelstandler in Linz warmen Leberkäse auf die Speisekarte gesetzt hatte. In dieser Materie macht ihm ja mittlerweile der Pepi Konkurrenz, doch davon später.

Im November 2007 ging ein Aufschrei durch Linz, was heißt, durch ganz Oberösterreich, und auch das ist noch untertrieben: Halb Österreich zitterte. Denn, wie selbst die überregionale Tageszeitung *Der Standard* meldete: »Beim Hans geht's um die Wurst.«

Was war geschehen? Nach fünfunddreißig Jahren hansatischer Tradition wollte die Bundesimmobiliengesellschaft (BIG) den Mietvertrag mit der Würstelbude auslaufen lassen, um einen Ausbau der im selben Haus residierenden Linzer Kunstuni zu ermöglichen. Beim darauf folgenden Schlagabtausch »BIG gegen Hans« beziehungsweise »Kunst gegen Wurst« ging es argumentativ ans Eingemachte. Als

Erstes erwachten wie immer die Anti-Wien-Ressentiments, denn »die da« in der BIG-Hauptstadt hätten natürlich keine Ahnung, wie sehr der »Warme Hans« mit symbolischem Wert aufgeladen sei. Auch in Wien würde ja keiner einfach so die Konditorei Demel oder das Hotel Sacher zusperren. Na eben.

Ein neuer Standort für den traditionsreichen Würstelstand wurde von der Pächterin abgelehnt. Das kann man verstehen, denn gerade diese Lage am Ausgang der Stadt, an der Schnittstelle von Nachtleben und Tagwerk, von verwinkelten Gassen und Donautal, von Bacchanal und Ernüchterung, diesen Platz als Wächter der Schwelle darf ein Würstelstand natürlich nie im Leben aufgeben, dann schon lieber sterben.

Nachdem die Anti-Wien-Argumente durchgekaut waren, ging es gegen die Künstler und gegen die Studenten, in diesem Fall in Personalunion. Weil den meisten Menschen die Kunst Wurst ist, und obwohl die Kunst-Studenten sich in erster Linie von Wurst ernähren, wurden bald auf beiden Seiten kunst- und wurstfeindliche Vorurteile wach. Die Argumentationslinien der beiden Lager glichen einander und liefen auf ein wenig inspiriertes »Wos brauch ma des?« hinaus. Schließlich und endlich verwahrte sich die Kunstuni gegen den schlimmen Verdacht, hansfeindlich gewesen zu sein, und der Rektor stritt ab, jemals an dem Arkaden-Areal Interesse gehabt zu haben. Möglicherweise aber erst nach der Schlagzeile: »Der Warme Hans wird wegen der Kunstuni 2009 kaltgemacht« in den *Oberösterreichischen Nachrichten*. Für die Angestellten der Würstelbude ginge es »um die Existenz«, hieß es: »Drei von ihnen sind alleinerziehende Mütter mit insgesamt zehn Kindern.« Die Mütter praktisch tot, die Kinder am Hungertuch, und das alles nur wegen der Künstler!

Es kam zu Solidaritätsfesten und Demonstrationen für den Verbleib des »Warmen Hans«. Die Nationalratsabgeordnete Bettina Stadlbauer eröffnete ein Protest-E-Mail-Forum auf ihrer Homepage und irgendwann wurde auch »denen dort« in Wien klar, dass sie das Kunstmuseum Lentos in der Donau versenken, den neuen Dom abreißen und die Vöest nach China verlegen können, nicht aber den »Warmen Hans« zusperren. Am 24. November endlich gaben die *Oberösterreichischen Nachrichten* Entwarnung: »OÖN retteten Linzer Institution. Der Warme Hans bleibt«, triumphierte man in dicken Lettern. Die BIG verlängerte den Mietvertrag und ließ via Pressesprecher gar ausrichten, es gebe vonseiten der Bundesimmobiliengesellschaft »ein klares Bekenntnis zum Warmen Hans«. Sonst gibt es ja »klare Bekenntnisse« immer nur zu so einfachen Dingen wie dem Weltfrieden oder den Menschenrechten. »Ein klares Bekenntnis zum Warmen Hans«, das ist einmal was anderes.

So lässt sich das schöne Resümee ziehen: Dem Österreicher ist zwar im Prinzip alles wurscht, nicht aber die Wurst.

Würstelwüste

Die Berühmtheit des »Warmen Hans« hängt möglicherweise auch damit zusammen, dass er relativ wenig Konkurrenz hat. Und in Linz immer weniger. Manche behaupten, die urchristliche Tradition des Würstelstands wäre von Kebab-Buden und Pizzastuben bedroht. Wenn man allerdings versucht, darüber nachzusinnen, welches Gefühl im Magen eine Käsekrainer samt altbackener Semmel hinterlässt und dieses vergleicht mit dem Körpergefühl, das ein paar frisch gebackene Falafel mit Joghurtsauce samt Minzeblatt auslösen, wird einem schmerzhaft klar, dass Burenhäutl, Krainer & Co rein esstechnisch aus jener Zeit stammen, da unsere Vorfahren noch mit Ochsen über die Äcker und mit motorlosen Sägen in die Wälder zogen oder zumindest die Trümmer nach den Kriegen wegräumten. Der Schreibtisch- und Computermensch muss kulinarisch zu jenen Küchen neigen, die an der Wiege der Zivilisation standen. Doch auch davon gibt es in Linz zu wenige, und wenn, dann haben sie sicher geschlossen, wenn man sie am dringendsten braucht.

Zum Beispiel: Sie waren bei einer der großartigen Linzer Klangwolken am Ufer der Donau. Die ganze Stadt war von Bruckner erfüllt, und dann gab es noch ein ergreifendes Feuerwerk. Und was macht der Mensch? Geht er heim, um zu weinen oder zu meditieren? Nein. Er hat Hunger. Einen kleinen Hunger (der bekanntlich der größte ist). Einen schnellen Hunger. »Warmer Hans«. Mit Sicherheit können Sie davon ausgehen, dass Sie nicht der einzige Besucher sind, der nach der Klangwolke einen schnellen kleinen Hunger sowie die Idee hatte, zum »Warmen Hans« zu gehen. Wenn auch nur 0,1 Prozent der Anwesenden ähnlich fühlt … richtig. Neunzigtausend Besucher. Und etwa 0,1 Prozent davon stehen am Würstelstand Schlange. Also neunzig. Sie gehen weiter zum »Leberkas-Pepi«. Der Rückstau reicht fünfzehn Meter weit bis zu Johannes Keplers einstiger Eingangstür. Am Taubenmarkt gibt es noch eine letzte Imbissbude, die hinter den Menschentrauben nicht zu erkennen ist. Der kleine Hunger wird groß. Die Lokale sind entweder voll oder (meistens) geschlossen. Sie gehen weiter. Und weiter. Und weiter.

Auf der kilometerlangen Strecke zwischen Taubenmarkt und Schillerpark gibt es weder Pizzastand noch Döner-Imbiss noch Würstelstand. Linz wird nächtens zum Imbissbuden-Ziel-1-Gebiet. Schließlich sind Sie am Schillerpark angekommen – Warteschlange vor dem Würstelstand. Vor mir ein Engländer.

»A beer, please.«

»Wos?«

»Can I have a bottle of beer, please?«

»I vasteh ka Wort.«

»Beer!«

»Wos?«

»Beer!!«

»Ah, ein Bier! Bier!«

Glückliches Lächeln an beiden Fronten.

»Soi's aufmocha?«

»Pardon?«

»Machen auf?«

Sie deutet.

»I want to drink it.«

»Bitte?«

Er nickt heftig. Sie öffnet. Stellt ihm die Flasche hin.

»Zwa vierzg.«

»How much?«

»Zwa vierzg kriagat i.«

»In English?«

»Zwo vürzig bütte.« Es wird bedrohlich. Ich springe ein, dafür reicht das Englisch.

»Two forty.«

»Thank you.« Sagt's und drückt vor lauter Erleichterung mir das Geld in die Hand.

Der beliebteste Schnellimbiss des Linzers, wenn nicht des Zentraloberösterreichers an sich, ist die Bosna beziehungsweise der Bosner. Unnötig zu erwähnen, dass man diese Spezialität in Bosnien ebenso wenig kennt wie Piccata Milanese in Mailand, Frankfurter Würstchen in Frankfurt und Bananen in Split (zumal zu Titos Zeiten). Die Bosna besteht aus einem nicht völlig durchgeschnittenen laschen Weckerl, in das bis zum Anschlag roher Zwiebel gefüllt wird. Wenn es endgültig keinen Platz mehr gibt, kommen noch Ketchup und Curry dazu, auf Wunsch auch scharfes Chilipulver. Nun beginnt die Sauce stark zu rinnen, das eine oder andere Zwiebelstück herauszubröckeln, aber nein, die Hauptsache zwischen den Weißbrothälften fehlt noch, nämlich zwei (!) Bratwürste. In dem Augenblick, wo alle Dämme zu brechen beginnen, Zwiebelsauce mit Curry sich aus dem Weckerl ergießt, tropfend, schleimend, schmutzend, genau in diesem Augenblick wird das Kleinkunstwerk dem Gast in die Hand gedrückt, begleitet von launigen Bemerkungen wie »Mahlzeit« oder »zwei dreißig«.

Nein, in dieser Frage bleibe ich ein »Zugroaster«: Des Oberösterreichers geliebte Bosna ist ein Verbrechen gegen die Zivilisation, und sie ausgerechnet den Bosniern in die Schuhe zu schieben, die weiß Gott genug mitgemacht haben, ein Skandal erster Ordnung!

Linz außer Dienst

Immer noch wird in Zusammenhang mit Linz das altmodisch anmutende Anhängsel »a. D.« verwendet. Linz außer Dienst? Ist nicht vollkommen klar, dass Linz an der Donau liegt? Wo sonst sollte Linz sich befinden? Die Antwort darauf liefert das heute gebräuchlichste Konversationslexikon, die Internet-Enzyklopädie Wikipedia. Hier finden sich doch tatsächlich zwei Linze, neben jenem a. D. auch noch folgendes: »Linz am Rhein ist eine Stadt des Landkreises Neuwied im Norden von Rheinland-Pfalz, nahe der Grenze zu Nordrhein-Westfalen. Linz liegt rechtsrheinisch an der Bundesstraße 42, etwa auf halbem Weg zwischen Köln und Koblenz.«

Als wäre es der Linze nicht genug, existieren auch noch ein Linz in Polen und ein Linz am Bodensee (und das liegt noch dazu im Linzgau), mehrere kleine Linze in Tschechien sowie ein winziges Linz in Kärnten.

Die Website der Stadt Linz am Rhein hingegen tut so, als wäre Linz unverwechselbar. Unter *www.linz.de* nennt sich die Sechstausend-Einwohner-Gemeinde (Stadtrecht seit 1320) niemals Linz am Rhein, sondern Linz. Über diese Selbstherrlichkeit können weder der Gruß des freundlich lächelnden Bürgermeisters noch die netten Fachwerkhäuser hinwegtäuschen. Da lobe ich mir schon die Bescheidenheit, das ungleich größere Linz mit dem Zusatz a. D. zu versehen. Immerhin wird von den Linzern am Rhein festgestellt: »Linz hat Freunde auf der ganzen Welt! Schon 1920 knüpfte die Stadt Linz einen festen und bis heute bestehenden Kontakt zum österreichischen Linz an der Donau. Im Jahre 1965 wurde Linz Partnerstadt von Marietta in Georgia/USA und 1987 von Pornic in Frankreich. Mit Linz in Sachsen besteht ein Freundschaftsvertrag.« Das nenne ich aktive Friedenspolitik.

Was ich besonders schätze an Linz: Es riecht an manchen Tagen im frühen Herbst, unten, an der Donau, nach Meer. Nach dieser unverwechselbaren Weite-Welt-Mischung aus Tang, Salz und Fisch mit einem Hauch von Diesel.

Die Rolle, die die Donau für Linz im Lauf der Geschichte spielte, geht über derlei olfaktorische Sentimentalitäten weit hinaus. Die Donau spielt in Linz noch heute eine Hauptrolle, wie etwa in Budapest (und anders als in Wien, wo sie nur durch die Randbezirke fließt). So ein Stadtzentrum am Wasser, das hat Charme. Die zahlreichen Geh- und Fahrradwege an der Donau bilden ein Naherholungsgebiet von unschätzbarem Wert.

Die Donau ist die Wiege von Linz, auch, was den Namen betrifft. Was war doch das Keltische für eine praktische Sprache! Wir müssen sagen: »Die Stadt an der Krümmung des Flusses.« Sieben Worte, davon ein so unelegantes wie »Krümmung«, ein hässlicher Genitiv – einen halben Roman brauchen wir, um das auszudrücken, worauf die Kelten sich mit einem schlichten »Lentos« verständigten.

Das großzügige, etwas schief geschriebene »S«, in das Linz eingebettet ist, ist nur auf Landkarten und Satellitenbildern so richtig zu erkennen, und erst beim Anblick aus der Luft wird einem bewusst: Linz ist aus der Donau entstanden, irgendwann in grauer oder vielleicht auch bunter Vorzeit aus ihren Wassern gestiegen und hat sich an ihren Ufern angesiedelt.

Aus dem keltischen Lentos wurde das römische Lentia, damals eine unbedeutende Niederlassung. Lentia stand im Schatten der wenige Kilometer stromabwärts liegenden Garnisonsstadt Lauriacum, dem heutigen Enns, von wo aus die Donau als Verkehrsweg und Grenze (Limes) zwischen der römischen Provinz Noricum und dem Barbarenland kontrolliert wurde.

Die Donau war als Grenze lange Zeit sehr bedeutend. Etwa in den Linzer »Schicksalsjahren« 1800, 1805 und 1809, als die Stadt dreimal von den napoleonischen Truppen belagert wurde.

Im Dezember 1800 erlaubte eine zweitägige Waffenruhe den kampflosen Rückzug der österreichischen Truppen, die sich nach Norden über die Donau und nach Osten über die Enns zurückzogen. Die zweite französische Besetzung erfolgte 1805. Napoleon höchstpersönlich nahm am 4. November 1805 im Linzer Landhaus für fünf Tage Quartier.

Die dritte Invasion 1809 war für Linz die blutigste. Wieder standen die österreichischen Truppen in ihrem Rückzugsgebiet nördlich der Donau in Urfahr, nachdem sie die strategisch ebenso sinnlose wie blutige Schlacht bei Ebelsberg verloren hatten. In nur fünf Stunden starben hier am 3. Mai 1809 über zwölftausend Soldaten. Der Ort, heute Stadtteil von Linz, wurde verwüstet. Das Gefecht ist übrigens im Ebelsberger Schlossmuseum in drei Schaubildern nachgestellt.

Die in Linz verbliebenen französischen Befehlshaber stellten nach der Schlacht ein Ultimatum, das auf der anderen Donauseite liegende Urfahr zu übergeben und den französischen Truppen die Überfuhrboote auszuhändigen. Die trotzigen Urfahraner versenkten die Boote in der Donau.

Wütend befahl der französische General die im Ultimatum angedrohte Zerstörung von Urfahr. Am 5. Mai 1809 begann um fünf Uhr früh der Beschuss vom Schlossberg und von der Donaulände aus. Urfahr wurde in Brand geschossen und zerstört.

Keine zehn Jahre später, von 1818 bis 1820, fristete übrigens Napoleons ehemaliger Polizeiminister Joseph Fouché seinen Lebensabend in Linz. Der Diener vieler Herren, der für die Enthauptung von König Ludwig XVI. ebenso verantwortlich war wie für jene des Revolutionärs Robespierre, der später abwechselnd Napoleon Bonaparte und / oder die Monarchisten unterstützt hatte, galt als hemmungsloser Opportunist. Als Massenmörder vom Schreibtisch aus, als korrupter »Erfinder des Überwachungsstaates« und Meister der Intrige blieb er für die einander abwechselnden Machthaber unentbehrlich: Er war der Einzige, der alles über jeden wusste. Schließlich holte ihn seine Vergangenheit doch noch ein: Zunächst Polizeiminister von Ludwig XVIII., wurde der »Königsmörder« von einst sicherheitshalber doch ins Exil verbannt. Mit Metternichs Duldung wohnte Fouché zuerst in Prag und später im Stadtpalais Weißenwolff auf dem Linzer Hauptplatz, wo er an seinen Memoiren arbeitete. In Linz muss ihm ganz schön langweilig gewesen sein, denn er wurde von allen ignoriert. Fouché starb 1820 während eines Kuraufenthalts in Triest.

Wieder ein paar Jahre später, das »Tausendjährige Reich« hatte doch nicht ganz so lange gehalten, war es die Rote Armee, die nördlich der Donau stand, die Amerikaner südlich. Die Grenzkontrollen fanden auf der Nibelungenbrücke statt. Ein Zeitzeuge erzählte mir, dass die Russen sehr genau kontrollierten. Die Amerikaner entlausten im Gegenzug systematisch alle Menschen, die aus dem russischen Sektor kamen, mit DDT. Das sollte in erster Linie die Russen demütigen, aber auch die oft täglich Entlausten hatten keine übermäßige Freude damit. So schickte der Kalte Krieg seine kleinen Vorboten.

Frau Kapitänin

Die beste Art, die Donau heute zu erkunden, ist zweifellos eine Schifffahrt. Zum Beispiel auf der MS Helene, einem würdigen Ausflugsschiff, Baujahr 1927. Wesentlich jünger ist die charmante Donaukapitänin Helene Schaurecker, früher im Linzer Tourismusbüro tätig und daher eine Kennerin sowohl des Donaustroms als auch der Stadt am Strom.

Die Donau ist nicht blau. Sie war es auch zu Johann Strauß' Zeit nicht. Über die Wasserqualität sagt das nichts aus. Die Donau weist auf der Höhe von Linz die Wasserqualität 2 auf, das ist eine Stufe unter dem Trinkwasser. Sie wird auch als Badefluss immer beliebter, bietet sie doch selbst im Hochsommer stets erfrischende Temperaturen um die neunzehn Grad. Die bräunliche Farbe geht auf Erd- und Lehmspuren zurück, die der Fluss mit sich führt, weshalb immer wieder die Baggerschiffe ausrücken müssen, um die Fahrtrinnen für die Boote freizuschaufeln. Zahlreiche Fische fühlen sich im frischen Wasser wohl: Karpfen, Aale, Barben, Brachsen, Zander, Hechte, sogar Forellen werden wieder gefangen. Auch ein Berufsfischer geht in Linz noch seinem biblischen Handwerk nach: Franz Wiesmayr vulgo »Lahmer Franz« legt in der Sommersaison allabendlich seine Netze aus. Wenn Petrus ihm wohlgesinnt ist, dann grillt seine Mama die vom Vater hergerichteten Donaufische im Garten der kleinen Landwirtschaft, die sich inmitten der Industriezeile befindet. Umzingelt von Fabriken und Betriebsgebäuden verteidigt Familie Lahmer hier ihren Garten Eden gegen die Begehrlichkeiten der Großindustrie.

Einen Steinwurf von diesen Linzer Originalen entfernt fahren wir in unserem Ausflugsschiff an der Schiffswerft (ÖSWAG) vorbei, der letzten in Österreich. Die etwa hundert Mitarbeiter des 1840 gegründeten Traditionsunternehmens sind viel gefragte Helfer bei Havarien oder Schiffspannen aller Art. Die Qualität von Arbeit und Service gilt als herausragend. (Architektonisch herausragend, aber vom Schiff aus nicht zu sehen, ist die ÖSWAG-Kantine: Eindrucksvoller kann man gelebte Arbeiterkultur heute nur noch schwer erfahren, revolutionärer Prunk und sozialistische Schlichtheit vermählen sich hier auf das Feinste.)

Wir erreichen den Linzer Handelshafen, dessen Randbereiche zu einem Freizeitparadies für Angler und Modellflieger geworden sind. Die ersten lassen ihre Schwimmer schwimmen, die anderen darüber ihre Flieger fliegen, die manchmal nach zu gewagten Loopings in den Fluten versinken.

Im Tankhafen Linz sind dreihunderttausend Kubikmeter Treibstoff gelagert. Damit könnte die MS Helene über zweitausend Jahre lang durchgehend fahren, Tag und Nacht. Der Linzer Hafen ist mit sieben Millionen Tonnen Umschlag der größte Hafen Österreichs. Doch im Vergleich zu anderen Verkehrswegen wird die Donau wenig genutzt, obwohl der Rhein-Main-Donau-Kanal die Nordsee mit dem Schwarzen Meer verbindet und die Benützung der Donau – sogar der Schleusen – kostenlos ist. Allerdings erlebt die Kreuzschifffahrt auf dem Fluss einen Boom, und seit sich herumgesprochen hat, dass sich in Linz statt Industrieluft kulturelles Flair schnuppern lässt, legen die Schiffe wieder hier an.

Die Donau ist 2888 Kilometer lang, nach der Wolga der zweitgrößte Fluss Europas und – ein Kuriosum – in die verkehrte Richtung kilometriert. Der Stromkilometer null befindet sich bei der Mündung ins Schwarze Meer. Linz befindet sich auf Höhe der Stromkilometer 2132 bis 2134.

Das Kapitänspatent ist schwer zu erlangen. Und auch mit dem Image vom alten Seebären mit seiner Flasche Rum (oder neuerdings der Kapitänin mit dem Glas Prosecco) ist es nichts: Auf der Donau gilt für alle Schiffsführer 0,0 Promille.

Linz am Wasser

Das Wasser stand am Ursprung der Siedlung Linz: ohne Wasser kein Leben. Heute braucht die Agglomeration rund um Linz etwa sechzig Millionen Liter Trinkwasser. Pro Tag. Schwer vorstellbar, dass es bis etwa 1900 keine Wasserleitungen in den Häusern gab. In manchen Stadtteilen musste man selbst in den vierziger Jahren noch zu einem Brunnen gehen, um Wasser zu holen.

Wichtig war das Wasser auch für die Wirtschaft. Der Linzer Hafen befand sich einst an jener Stelle, wo heute Lentos-Museum und Brucknerhaus stehen. Und dort, wo heute auf der Donaulände die Autos vierspurig und viel zu schnell durch die Stadt rasen, erstreckte sich der »Fabriksarm«, ein Seitenarm der Donau, an dem sich Handwerk, Gewerbe und frühe Industrie angesiedelt hatten.

Hier stand etwa die Wollzeugfabrik, eines der ersten bürgerlichen Industriebauwerke, das 1672 der Linzer Bürger Christian Sint erbauen ließ. Nach dem Niedergang der Textilindustrie wurde der imposante Barockbau als Kaserne, später als Tabakfabrik genutzt. Wie leider so vieles in Linz wurde auch dieses Baudenkmal in den sechziger Jahren gesprengt. Ein Schicksal, von dem die »neue« Tabakfabrik, 1929–1935 nach Plänen von Peter Behrens und Alexander Popp entstanden, verschont bleiben wird, steht sie doch als revolutionär neuartiges Werk der Industriebaukunst unter Denkmalschutz. Was freilich die dort verbliebenen Arbeiter bis Ende 2009 ihre Jobs kosten wird. Denn das zum Japan-Tobacco-Konzern gehörende Werk stellt die Produktion an der Linzer Donaulände ein: In einem denkmalgeschützten Bauwerk zu modernisieren ist sehr kostspielig.

Dort, wo heute alles beherrschend die Oberbank steht (wahrlich kein architektonisches Juwel), befand sich früher das Stadtbrauhaus, das natürlich auch dem Erdboden gleichgemacht wurde. Lediglich der Winterhafen, ein Rest des damaligen Seitenarms, erinnert noch an den Fabriksarm, und die Straßennamen an die einst dort ansässigen Betriebe: Färbergasse, Fabrikstraße, Lederergasse und nicht zu vergessen »Ludlgasse« – alle damals hochgiftigen Abwässer gingen ungefiltert in die Donau.

Das Matrosenleben vor der Motorschifffahrt muss hart gewesen sein. Die Transportzeiten sind heute fast nicht mehr nachvollziehbar: Von Linz nach Wien brauchte ein Frachtschiff fünfundfünfzig Stunden, zurück zwölf Tage. Etwa fünfzig Pferde brauchte man, um die großen Schiffe wieder stromaufwärts zu ziehen.

Die Schiffsknechte, die die Handelsschiffe auf ihren Wegen begleiteten, mussten vor allem eine »Qualifikation« aufweisen: Sie durften nicht schwimmen können. Nur dann konnten die Handelsunternehmer sicher sein, dass selbst in heiklen Situationen die Mannschaft auf dem Schiff und bei der Ware bleiben würde. Mythen, Ängste und Aberglauben beherrschten auch die Binnenschifffahrt. Gegen Ende des 19. Jahrhunderts soll sich folgende Geschichte zugetragen haben: Ein Schiffsknecht war ins Wasser gefallen und konnte sich nur mit Mühe an das rettende Boot klammern. Seine Kollegen hauten ihm mit Leibeskräften auf die Fingerkuppen und riefen ihm zu: »Heuer bist du dran!« Bis der Knecht losließ und zur allgemeinen Zufriedenheit ertrank. Im Aberglauben der Bootsmänner forderte die Donau jedes Jahr ihr Opfer. Wenn es ein anderer war, blieb man selbst verschont.

Wie alle archaischen Gottheiten brachte die Donau Leben und Tod. Auch die Kräfte des regulierten Flusses sind nicht zu unterschätzen, wie man beim Jahrhunderthochwasser im Juli 1954 feststellen musste. Die Wassermarke des damaligen Höchststandes kann man an der Ecke Donaulände/Hofgasse besichtigen: Das Wasser stand der Altstadt bis zum Halse. Ein kleiner Strich, der zeigt, was Naturgewalt bedeutet.

Pöstlingberg

Der Pöstlingberg beherrscht Linz nicht, wie etwa die Nordkette Innsbruck beherrscht. Vielmehr vermittelt der Pöstlingberg mit seiner Wallfahrtskirche etwas sanft Beschützendes: aus der Ferne, diskret, ohne sich allzu sehr einzumischen. Lange Zeit gehörte der Pöstlingberg gar nicht zu Linz. Heute ist die barocke Wallfahrtskirche das Linzer Wahrzeichen.

Da es Wall*fahrt* heißt, bietet sich an, bei der Erkundung des Pöstlingbergs gleich mehrere Attraktionen miteinander zu verbinden: eine Fahrt mit der Pöstlingbergbahn und eine Fahrt mit der Grottenbahn. Der echte Pilger aber und die Pilgerin sollen keinesfalls davon abgehalten werden, zu Fuß den Berg zu erklimmen. Es ist ein steiler, aber ruhiger und abwechslungsreicher Weg, der auf den Pöstlingberg führt. Während andere Pilger monatelang unterwegs sind, kann man als Wallfahrer am Pöstlingberg in einer knappen Stunde ganz ohne Eiligkeit Heiligkeit gewinnen.

Nicht wesentlich schneller, aber doch sehr abenteuerlich und empfehlenswert ist die Überwindung der Höhenmeter mittels Pöstlingbergbahn, die man im »Bergbahnhof« Urfahr besteigt. Die Pöstlingbergbahn wird im Guinness-Buch der Rekorde seit 1983 als steilste Adhäsionsbahn Europas geführt. Möglicherweise ist sie sogar die steilste Adhäsionsbahn der Welt. Doch bei solchen Wettbewerben der Superlative hält man sich besser zurück, schon die Schweizer Berninabahn reklamiert den Titel der steilsten Adhäsionsbahn der Welt für sich, und schließlich soll es auch in den Anden, in China, Mexiko oder Russland ein paar Berge und Bahnstrecken geben.

Wie auch immer: 1898 konnten die Arbeiten an der Pöstlingbergbahn beendet werden, im Mai wurde der Betrieb feierlich eröffnet. Auf 2,9 Kilometern Länge überwindet die Bahn in sechzehn Minuten einen Höhenunterschied von zweihundertfünfundfünfzig Metern. Die Steigung beträgt fast durchwegs 10,5 Prozent – was eindrucksvoll belegt, dass wir in einer zweifellos sehr steilen Adhäsionsbahn reisen, wobei sich spätestens jetzt die Frage nicht mehr vermeiden lässt: »Was ist eigentlich eine Adhäsionsbahn?«

Die Mitfahrerinnen in der Pöstlingbergbahn, eine Schülerin und eine ältere Dame, können beide keine Auskunft geben. Zu Hause hat man den Computer und wird dadurch wieder zu einem gebildeten Menschen. Laut Internet-Enzyklopädie Wikipedia spricht man »im Bahnwesen von einer Adhäsionsbahn (auch Reibungsbahn), wenn der Antrieb alleine über die Haftung der Räder erfolgt. Bei Eisenbahnen ist die Haftung beziehungsweise Adhäsion zwischen Rädern und Schienen gering, sodass wenig Reibungsverluste auftreten, dafür aber starke Steigungen ohne Hilfsmittel wie bei Zahnradbahnen oder Standseilbahnen nicht mehr überwunden werden können. Problematisch ist dabei weniger die Bergfahrt als die Talfahrt, bei der bei zu steilem Gefälle keine sichere Bremswirkung mehr erreicht wird.«

Jede stinknormale Eisenbahn, lernen wir, ist also eine Adhäsionsbahn. Wobei im Fall der Pöstlingbergbahn doch immer die kleine Restspannung bleibt: Wird sie die ganze Strecke lang adhärieren oder nicht? Bisher, so viel ist klar, hat sie ihre Schienen noch nie mit einer Bobbahn verwechselt. Ab 2009 wird die Bahn bis zum Hauptplatz verkehren – da sage noch einer, so ein Kulturhauptstadtjahr zeitige nicht auch nachhaltige Ergebnisse. Ein großes Problem bei dieser Streckenverlängerung stellte das außergewöhnliche Linzer Schienennetz dar: Es ist nicht wie europaweit üblich einen Meter, sondern nur neunzig Zentimeter breit, eine Besonderheit, die Linz mit Lissabon teilt. In Linz wurde so schmal gebaut, damit die Straßenbahn die enge Schmidtorstraße (zwischen Hauptplatz und Taubenmarkt) passieren konnte. Nicht nur die Strecke wird ab 2009 neu: In Zusammenarbeit mit der Linzer Universität für künstlerische und industrielle Gestaltung entstanden neue, behindertengerechte Züge im Retro-Look.

Die einspurige Pöstlingbergbahn fährt alle zwanzig Minuten von der Berg- und der Talstation ab, und die Logistiker haben es so eingerichtet, dass sich die beiden Zuggarnituren in der Halbzeit ihrer sechzehnminütigen Reise bei einer Ausweiche treffen. Geschickt! Die alten Garnituren boten zweiundzwanzig Sitzplätze und sieben Stehplätze. Das Springen aus dem fahrenden Zug ist verboten, wenngleich bei der sehr moderaten Geschwindigkeit durchaus vorstellbar.

Man zuckelt an Apfelbäumen mit roten Früchten vorbei (jedenfalls, wenn man im Herbst fährt), an einem Bauernhof, einem Gemeindebau, an verwunschen wirkenden Villen, an schicken Architektenhäusern, an Jugendstilbauten, an Gartenhäuschen mit runden, frisurenartigen Dächern. Im besten Sinne altmodisch wirkt auch der Zielbahnhof auf dem Pöstlingberg. Hier machen sich bereits die Düfte der beiden großen Ausflugslokale bemerkbar, des Pöstlingberg-Schlössls und des Gasthauses »Freiseder«. Hannah, meine damals dreijährige Tochter, hatte offensichtlich großen Hunger. Auf die Frage, ob wir nun gleich mit der Grottenbahn fahren wollen oder vorher einkehren, sagte sie dezidiert: »Erst später mit der Karottenbahn fahren.« Vorher wollte sie unbedingt essen. Und zwar »Trottelini«.

Die Qualität des Essens ist – wie fast überall in Linz – Glückssache, die Qualität des Ausblicks diesfalls überlegen. Bei Föhnwetter sieht man vom Pöstlingberg bis zum Alpenhauptkamm.

Die Karottenbahn recte Grottenbahn ist eine Attraktion, die sich kein ernsthafter Linzbesucher entgehen lassen sollte. Natürlich ist die 1906 in einem der maximilianischen Befestigungstürme errichtete Grottenbahn kitschig, aber von einem so netten Kitsch, dass das Herz ins Kindsein regrediert und vor Freude hüpft. Wenn bei der letzten Runde durch die Zwergengrotte alle Lichtlein angehen und der Drache Lenzibald, der den Zug zieht, Dampf speit, hallen die »Ahs« und »Ohs« durch die Höhle.

Die Fahrt selbst dauert nicht länger als fünf Minuten, doch am Weg zum Ausgang wartet eine weitere Attraktion ... man steigt eine Stiege hinab noch tiefer ins Innere des Pöstlingbergs, und hier, im Märchenkeller, steht man plötzlich auf dem Hauptplatz von Linz. Der wurde hier in einer für Zwerge und Kleinkinder genehmen Größe nachgebaut, verblüffend treu in der Imitation von Hausformen und -farben. Sonst der größte Platz Österreichs, verwandelt er sich hier in den kleinsten Platz des Landes.

Beim Abstieg vom Pöstlingberg empfiehlt sich, wenn man denn seinen Tag hübsch anfüllen will, ein Besuch im Linzer Tiergarten. Der Linzer Tiergarten ist nicht sehr berühmt, und vielleicht ist es das, was ihn so sympathisch macht. Hier werden Tiere gezeigt, die man ohne große Probleme halten kann. Man sieht also keine verhaltensgestörten Bären und keine leidenden Menschenaffen. Nein – wenn die Kinder begeistert ausrufen: »Schau, Schaf!« oder: »Süß, die Esel!«, dann sind sie im Tiergarten Linz. Soll nicht heißen, dass es nicht auch dramatischere Tiere gäbe wie etwa Schlangen, Javaneraffen oder Kamele – aber das ist es dann schon. Hier ist alles nett überschaubar, und zwar in zweifacher Hinsicht:

Man hat auf der sanften Anhöhe einen wunderbaren Ausblick in das ganze Umland.

Überfahrer

Nördlich der Donau wird Linz Urfahr genannt. Die Urfahraner können die Linzer seit 1497 nicht leiden, das sind über fünfhundert Jahre. Damals wurde gegen den Willen der wackeren Nordländer die einzige Donaubrücke zwischen Melk und Passau gebaut, und die Flößer, die Urfahr den Namen gaben, die »Überfahrer«, waren plötzlich arbeitslos geworden. Sie versuchten, von der Brückenmaut zu leben oder die Brücke nachts zu sperren, was wiederum zu Problemen führte, weil die Urfahraner keine Fremden beherbergen durften – dazu hatten nur die Linzer das Recht. Ganz grün wurden die beiden Streitparteien einander nie. Oft wurde der Streit bis in die ferne Hauptstadt Wien getragen, und noch Maria Theresia hatte sich mit den oberösterreichischen Streithanseln auseinanderzusetzen. 1882 endlich wurde Urfahr zur Stadt erhoben – zur kurzlebigsten Österreichs, wie sich bald herausstellen sollte. Die Gemeinde Pöstlingberg wurde 1919 von der Stadt Urfahr eingemeindet. Im selben Jahr noch wurde Urfahr (und damit der Pöstlingberg) ein Teil von Linz.

Die ungeliebte Holzbrücke aus dem Jahr 1497 steht natürlich längst nicht mehr. An ihrer Stelle verbindet heute die Nibelungenbrücke die beiden Linzer Stadtteile, ein astreiner Nazi-Bau, vom Führer persönlich 1938 in Auftrag gegeben. Auch der Name »Nibelungenbrücke« soll von Hitler persönlich bestimmt worden sein.

Die zweite Linzer Brücke, genannt »Eisenbahnbrücke«, ist wesentlich eleganter und steht unter Denkmalschutz. Sie ist die einzige Stahlfachwerkbaubrücke Österreichs.

Obwohl die Verbindungen heutzutage gut sind, sagt man in Urfahr gerne: »In Linz drüben«, weil die Urfahraner nur mit Vorbehalt Linzer sind.

UU

UU ist das wohl peinlichste Autokennzeichen Österreichs, wenn nicht Mitteleuropas. Urfahr Umgebung. Das hat natürlich nichts mit den wackeren Urfahr-Umgeberinnen und -Umgebern zu tun, die mit einem solchen Unding herumfahren und sich gelegentlich von den Anhöhen des Mühlviertels in die Stadt wagen müssen. Angesichts des Elends fragt man sich: War es wirklich notwendig, UU als amtliches Kennzeichen zuzulassen? LL – Linz Land: Das sagt alles. Land in der Nähe von Linz. Aber Urfahr? Urfahr ist doch selbst in der Nähe von Linz. Teil von Linz gewordene Nähe von Linz. Urfahr ist also per definitionem selbst schon Umgebung, und braucht sich eine Umgebung noch mit Umgebung zu schmücken? WU – Wien Umgebung – das leuchtet ein. Aber Urfahr? Es gibt ja auch nicht Anif Umgebung (AU) oder Thalheim Umgebung (TU) oder Sierning Umgebung (SU). Und wo liegt die Bezirkshauptmannschaft von Urfahr Umgebung? In Linz. All das trägt nicht dazu bei, die ohnehin schon als Burgenländer beziehungsweise Ostfriesen Oberösterreichs verunglimpften Mühlviertler in ihrer Identität zu stärken.

Dazu kommt noch die Aussprache des Kennzeichens. Wir denken mit Wohlgefallen an den Kirchdorfer mit seinem schneidigen KI oder den Welser mit seinem eleganten WE oder den Grieskirchner mit seinem grimmigen GR. Aber Urfahr Umgebung? UU!

Deprimierendes Vergnügen

Der Urfahraner Jahrmarkt vereinigt alles Schreckliche, was Jahrmärkte so zu bieten haben: Stände mit billiger Kleidung, gefälschten Markenbrillen, Gürtel, Wundertischstaubsauger, meine Damen, sie werden staaa-uu-nen. Kulinarisch bietet man Zuckerwatte, Schaumrollen, Grillhühner und Bier. 2006 wurden, wenn Sie es genau wissen wollen, am größten Jahrmarkt Österreichs hundertzwanzigtausend Halbe Bier und fünfundzwanzigtausend Grillhühner vertilgt – eine deprimierende Statistik. Der Rubel rollt, so viel steht fest, nicht nur beim Fressen und Saufen. Auch bei den anderen Vergnügungen wird den Besucherscharen das Geld aus der Tasche gezogen. Ich fuhr mit meinem Sohn in einer so bezeichneten Geisterbahn an vier oder fünf Skeletten vorbei, die uns nicht einmal die Freude machten, erschreckend zu sein. Die Fahrt dauerte keine Minute, und bei fünf Euro Eintritt kommt da schon ein hübscher Stundensatz zusammen, zumal die Menschen Schlange stehen. Warum? Aus Tradition? Nur weil der Urfahraner Jahrmarkt seit über hundert Jahren existiert? Oder liegt es an den Hochschau-Foltermaschinen, in denen Freiwillige sich durch alle Aggregatszustände zwischen Himmel, Erde und Hölle schießen lassen, was sie mit Entzückens- und Entsetzensschreien quittieren?

Der Urfahraner Jahrmarkt stellt für alle Passanten und Anrainer eine herausragende Lärm- und Geruchsbelästigung dar, die noch dazu nicht einmalig ist, findet sie doch zweimal im Jahr statt.

Naturstadt Linz

Linz wurde, das mag überraschen, vom Naturschutzbund und dem Lebensministerium im Jahr 2006 aus über hundert Gemeinden zur »naturfreundlichsten Stadt Österreichs« gewählt. Vielleicht deshalb, weil der Naturschutz hier auf hohem wissenschaftlichem Niveau betrieben wird: Die Grundlagenforscher der Naturkundlichen Station erheben seit Jahren Daten über alles, was in Linz kreucht, fleucht, läuft und spreußt. Auf Basis dieser Daten entstehen verschiedene Projekte, und durch die bereitgestellten öffentlichen Mittel können sie umgesetzt werden. So wurden etwa zahlreiche Bäche sachkundig renaturiert: Dort, wo früher schmutziges Wasser träge durch Betonrinnen floss, mäandert jetzt wieder ein Bächlein (etwa der Weidingerbach in Kleinmünchen), in dem sich Insekten und Fische tummeln. Aber auch viele kleine Initiativen wurden gesetzt, Fledermauskästen montiert, Nisthilfen für Mauersegler und Turmfalken installiert, die stark gefährdete Wechselkröte, die in Flachwassertümpeln im Industriegebiet vorkommt, geschützt. Arten, die das ökologische Gleichgewicht in Linz bedrohten, drängte man zurück: Die Population der Tauben, gelegentlich als »Ratten der Lüfte« bezeichnet, konnte durch die »Taubenpille« im Zaum gehalten werden.

Denn, wie es in der Zeitschrift *ÖKO-L* so richtig heißt: »Ökologisch betrachtet sind Städte nichts anderes als eine künstliche Felsenlandschaft mit eigenem Klima, Wasserhaushalt, Naturbestand ... das macht sie so spannend!«

Luftkurort Linz?

Eine Bekannte, die in den siebziger Jahren in Linz aufwuchs, hat mir erzählt, ihr Vater sei mit ihr in den Schulpausen zu Mittag in die Berge des Mühlviertels gefahren, damit sie wenigstens eine Stunde lang frei atmen konnte. Wegen der schlechten Luft hatte sie chronische Bronchitis und Atemnot. Kaum jemand glaubt, dass im nationalen Luftgütevergleich Linz, bezogen auf die Gesamtbelastung durch Schadstoffe, knapp nach Wien die niedrigsten Werte aufweist. Bis Linz offiziell zum Luftkurort ernannt wird, mag es zwar noch ein bisschen dauern. Eine bessere Luft zu haben als Städte wie Salzburg oder Innsbruck, lässt die Linzer Bevölkerung aber in jeder Hinsicht aufatmen.

Linz am See

Lunz am See: Das kennt man, zumindest vom Hörensagen. Weniger bekannt ist, dass Linz nicht nur an der Donau, sondern auch an verschiedenen, höchst attraktiven Badeseen liegt. Was viele Linzer nicht daran hindert, sich ins Auto zu setzen um an den Attersee zu hetzen, statt sich an ihren Naherholungsgebieten nah zu erholen. Das hat in erster Linie mit sozialem Prestige zu tun: In Linz »ist man erst wer«, wenn man am Attersee etwas besitzt, und sei es eine Boje.

Der zweifellos bekannteste Linzer See liegt nicht in Linz. »Inmitten des Stadtgebiets«, »zentral gelegen«, das alles kann man über ihn hören, und er wird von der Linz AG gepflegt. Doch der Pleschinger See liegt in der Gemeinde Steyregg, was diese mit zahlreichen Gruß-, Willkommens- und Verabschiedungstafeln unterstreicht. Der See ist von der Lage und vom Publikum her freilich durchaus urban. Autobahnabfahrt Dornach / Universität, rechts, dann gleich noch mal rechts, unter der Autobahnbrücke durch, schon ist man da. Die Rasenflächen bestens gepflegt, Kinderspielplätze, Beachvolleyballfeld, Restaurant, Imbiss. Und viele, viele Menschen in der Sonne oder im Schatten der alten Bäume. Auch eine eingezäunte FKK-Zone gibt es. FKK: Das ist eine schreckliche Abkürzung, und das Wort Freikörperkultur steht dem in nichts nach. Nackt baden, klingt das zu anzüglich? Wie auch immer: In einem Teil des Pleschinger Sees kann man schwimmen, ohne nachher mit einer nassen Badehose herumlaufen zu müssen.

Der »Plesch« ist der See der Linzer Studentinnen und Studenten. Die Uni ist nah, der See mit dem Fahrrad schnell zu erreichen, eine kleine Pause zwischen zwei Vorlesungen – kein Problem. Am Pleschinger See wäre eigentlich alles wunderbar, hielte nur das Wasser den Tausenden täglich hier badenden Menschen und der städtischen Sommerhitze stand. So bis Ende Juli geht es meistens, doch gegen Ende des Sommers bilden sich manchmal unansehnliche Algen. Man kann dann immer noch am Ufer liegen, auf die Algen schauen und duschen, wenn es zu heiß wird. Wie sagte doch einer der besagten Studenten so richtig: »Schee wa, wenn er sauber wa.«

Im Herbst und Winter wird es dann ruhiger um den Pleschinger See. Dann kommen die Taucher, die Fischer und später, wenn er unter einer dicken Eisdecke liegt, die Eisläufer und Eisstockschützen. Das Eisstockschießen ist neben dem Trinken von Most und Bier aus Halbliterkrügen *der* eigentliche Volkssport des Oberösterreichers.

Der Pichlingersee, im Südosten der Stadt im Bezirk Ebelsberg gelegen, ist der Familien- und Kindersee der Linzer. Spielplätze, Beachvolleyball-, Fußball- und Basketballzonen, Tischtennis, Minigolf, eine fast vier Kilometer lange Promenade um den See, Buffets, schattige Liegewiesen – was will man mehr?

Der Pichlingersee ist ein künstlich angelegtes Paradies. Um die Hermann-Göring-Werke und den Bau der Westautobahn voranzutreiben, brauchte man nämlich nach dem »Anschluss« Österreichs an das Nazi-Reich Unmengen von Schotter, der unter anderem im Gebiet von Pichling abgebaut wurde. Die Schottergrube füllte sich mit Grundwasser und diente nach 1945 nicht mehr der Kriegswirtschaft, sondern der Erholung davon.

Das war auch dringend nötig: »Tausende Menschen kommen an einem schönen Sonn- oder Feiertag hierher und baden in den Seen, ohne dass man sich gegenseitig stört, und Platz ist genug für noch viel mehr«, schreibt ein Zeitzeuge aus den fünfziger Jahren. »Autos in großer Anzahl, vollbesetzte Omnibusse, Motor- und Fahrräder bringen die Menschen zu den Seen, andere kommen per Bahn. Im Wasser sind sie sich alle gleich, hier herrscht der Einklang der Natur unter der Himmelsbläue. Das Wasser bleibt eine Zufluchtsstätte des Menschen in den heißen Sommertagen. Die verrücktesten Ideen finden hier Kühlung. Es planschen hier Kinder neben den Alten und alle sind sie glücklich und froh.«

Unter der Internet-Adresse *www.pichling.at* findet sich das denkwürdige Gedicht eines gewissen Hans Stützner, ein Werk aus dem Jahr 1954 mit dem Titel: »Sommersonntag am Pichlingsee«:

Hätte ich Geld, dann führ' ich
Mit vollem Portemonnaie
Nach Capri oder Zürich
Und an den Gardasee.
Doch mangels der Valuten
Und weil ich völlig blank,
Such ich die Sonnengluten
Auf einer Schotterbank.
Die Börse zu entlasten,
Radle ich, käsebleich,
Nach Pichling oder Asten
Und an den Weikerlteich.
Wie köstlich ist's zu baden
Auf dieser Kalksteinflur
Bei sechsundzwanzig Graden
Grundwassertemperatur.
Am Silberseegestade
Trifft sich die halbe Welt,
Gibt's Bier und Limonade
Und braucht's kein Eintrittsgeld.
Manch' Zug kommt mit Gerauche,
Mir tut sein Pfiff nicht weh,
Ich hab' ja was ich brauche.
Ich bleib in Linz am See.

Viel ist dem nicht hinzuzufügen. Das Baden ist heute immer noch kostenlos, nur die Züge pfeifen halt nicht mehr.

Der schönste Linzer See ist für mich der Weikerlsee. Im Grunde sind es zwei Weikerlseen, der große und der kleine, auch sie entstanden beim Bau von Westautobahn und Hermann Görings Waffenschmiede. Der große Weikerlsee eignet sich wegen seines bis auf wenige Sandinseln zugewachsenen Ufers nicht zum Baden, und so nehmen wir gerne mit dem kleinen vorlieb.

Man gelangt zum Weikerlsee, indem man Richtung Ebelsberg durch den aus dem Verkehrsfunk österreichweit bekannten Mona-Lisa-Tunnel fährt, gleich danach links abbiegt, die Solar City durchquert und sich dann wieder links hält. Der Weikerlsee liegt am Übergang der Solar City zu den Traun-Donau-Auen, und ich traue mich zu sagen, dass es nirgends in Österreich einen Platz gibt, an dem modernste Technologie und wildeste Natur so eng beisammen liegen.

Die Linzer Solar City wirkt nicht nur futuristisch, sie ist als Umwelt-Mustersiedlung auch zukunftsweisend: Helle Häuser, Grünflächen, nach Süden ausgerichtete Wohnungen, natürliche Belichtung und Belüftung sowie Sonnenkollektoren zeichnen die Niedrigenergie-Gebäude aus. Auch bei den Baustoffen wurde auf nachwachsende Rohstoffe gesetzt. Hätte es noch eines Beweises bedurft, dass man Holz im Hausbau einsetzen kann, ohne Alpen- oder Ökokitsch zu produzieren – hier ist er gelungen. Der Masterplan zur Solar City stammte vom Architekten Roland Rainer, der bereits Jahrzehnte zuvor in der Gartenstadt Puchenau westlich von Linz den Grundstein für eine ökologische, moderne Architektur gelegt hatte.

Dennoch: Die Solar City wirkt an einem heißen Sommernachmittag etwas gespenstisch, ausgestorben, fast irreal. Hier könnte man einen Science-Fiction-Film drehen, ohne zusätzliche Kulissen aufstellen zu müssen.

Wenige hundert Meter von diesem städtebaulichen Experiment entfernt beginnen die Traunauen – ein undurchdringlicher Dschungel, der nur an den Ufern des Weikerlsees ein wenig zivilisiert wurde. Hier liegt eine bezaubernde Wiese mit alten Bäumen, an deren Rand eine Imbissbude mit schattigen Sitzgelegenheiten steht. »Da Toni« heißt dieses idyllische Plätzchen. Da man die Essigwurst und das kleine Bier in diesem Nudistenbereich nackt einzunehmen pflegt, bittet ein Schild darum, eine Sitzunterlage mitzunehmen.

Am Weikerlsee findet man jede Menge sehr braun gebrannter Menschen, die offensichtlich im Sommer mehr oder weniger hier leben, und doch Dialoge wie folgenden führen: »Bist a wieder do?«

»Jo, waßt eh.«

»I hab Hack'n Ende nie.«

»Jo, i eh a. I waß goar net, wie i z'sammkomm.«

Sagt's und lässt sich in den Liegestuhl fallen.

Am Weikerlsee gibt es eine kleine Insel, auf der eine Birke, ein Schwan und ein paar Enten wohnen. In dem auch im Spätsommer noch klaren Wasser sieht man unzählige Fische, Weißfische und Karpfen vor allem.

Der Weikerlsee wird von einer Grundwasserquelle gespeist, die sehr kalt ist. Das garantiert selbst in der flimmernden Augusthitze erfrischende Abkühlung.

Eine Brücke mit Aussichtsplattform, die über den Weikerlsee führt, bildet die Grenze zwischen städtischem Lebensraum und der undurchdringlichen Wildheit der Traunauen. Auf einer Seite: Nacktbader auf einer Wiese, dahinter der Dschungel von

Linz. Auf der anderen Seite – gemähte Liegewiese, Bikini und Badehose, ein architektonisch ziemlich cooles Strandcafé – die Linzer Copacabana. Auf der Brücke, die sich ob ihrer Topografie auch psychologisch für Grenzerfahrungen eignet, tummeln sich Heranwachsende beiderlei Geschlechts im ultimativen Mutprobenalter und stürzen sich unter Geschrei in die Fluten. Acapulco liegt vor der Haustür!

Ausflüge

Von Linz aus lassen sich trefflich Ausflüge machen, und zwar in alle Himmelsrichtungen. Wer für längere Zeit in Linz ist, sollte es auf jeden Fall gelegentlich verlassen. Zum Beispiel, um den »kleinen Bruder« im Osten zu besuchen, die Stadt Steyr mit ihrem bezaubernden Hauptplatz und den heute charmanten Industriebauten am Zusammenfluss von Enns und Steyr. Salzburg und Hallstatt müssen nicht extra vorgestellt werden und sind etwa eine Autostunde entfernt. Das Stift Kremsmünster ist ebenso sehenswert wie jenes in Sankt Florian, der Kefermarkter Altar ein Juwel wie der Hauptplatz von Freistadt, ganz zu schweigen von der tschechischen Welterbestadt Krumau / Krumlov.

Auf dem Weg dorthin fahren Sie durch das Mühlviertel. Einen Abstecher wert sind die »Blaufärber« in Bad Leonfelden, die nach alter Tradition noch heute »blau machen« und solcherart feinstes Leinen färben. Wer danach am »Mühlviertel Blues« laborieren sollte, dem sei das lokale Bier empfohlen: Die Braukunst der Prämonstratenser des Stiftes Schlägl ist unübertroffen. Wer lieber in Linz bleibt: Schlägl-Bier gibt es zum Beispiel auch beim trefflichen Chinesen am Hauptplatz und im ältesten Linzer Wirtshaus – 1670! –, dem »Goldenen Anker« in der Altstadt.

Nicht nur das Bier, auch der Most ist im Mühlviertel zu Hause. Im Norden von Linz, am Magdalenaberg, endet die Stadt. Und gleich danach beginnt das Land. Keinerlei Übergangsrituale, einfach zack: hier Bildungshaus Magdalena, Villen, Häuser, Straßengewirr. Hundert Meter weiter, als ob jemand einen Schalter umgelegt hätte: ein Mostbauer, Pferde auf einer Koppel, ein Misthaufen samt Hahn, der Wald, die Wiesen. Zwei Kurven weiter Wald und Wiesenwege, Kühe auf der Weide und Vierkanthöfe, die nicht so herausgeputzt sind, weil sie längst einem Stadtrat gehören, sondern weil es der Bauer so will. Und dann steht man da oben mitten im Paradies, atmet ein paar Mal tief durch und sieht hinunter auf die rauchenden Schlote der voestalpine und das Häuser- und Straßengewirr und denkt sich die vielen Menschen dazu und genießt das Gefühl, drüberzustehen.

Auch Liebhaber des Heurigen müssen die Reise nach Wien nicht extra antreten. Ein Ausflug in die Linzer Nachbarschaft tut es auch, nämlich in das »Grinzing von Linz«, das freilich zu Leonding gehört. Die Leondinger sind keine Linzer. Auch in Traun oder Ansfelden sollte man niemals den Fehler begehen, von Linzer Vororten zu sprechen, denn das sind eigene Städte mit eigenen Bürgermeistern, punktum. Sogar die Sprachen ähneln einander nur äußerlich: Der Linzer etwa sagt Leondinger (mit Betonung auf dem ersten E), während der Eingeborene selbst seine Stadt als Leonding (Betonung auf dem O) bezeichnet. Wie auch immer, hier auf dem Gaumberg im Westen von Linz befinden sich

Weinberge in schönster Südlage. In einer Buschenschank kann man sich ein Viertel kaufen und es mit Blick auf Rebstöcke und (gleichzeitig!) Salzkammergutberge genießen.

Für den heurigenerprobten Ostösterreicher, auch Ösi-Ossi genannt, beginnt im Land ob der Enns der Wilde Westen. Die Enns markierte die Grenze zwischen östlicher und westlicher Hemisphäre immer schon sehr gut, Türken, Russen und andere Eroberer oder Befreier konnten oder wollten sie nicht überqueren. Ja, und die erste echte Stadt ob der Enns ist Linz. Auch in der alten Zeit, als die Leute noch nicht auf Wellnessholiday fuhren sondern in die Sommerfrische, stellte Linz die letzte Schwelle dar, wie Alfred Polgar in seinem Feuilleton über »Städte, die ich nicht erreichte« berichtet: »Obschon ich niemals in Linz war, stand ich doch mit dieser Stadt in einer guten Gefühlsbeziehung und halte sie in freundlicher Erinnerung. Denn über Linz führte die Bahnreise ins Salzkammergut, das heißt in die schulfreien Wochen. Zehn Minuten hielt der Zug in Linz, die Maschine nahm Wasser, der Lokomotivführer Bier, und dann ging es hinaus und hinein in lauter Gegend. Für mein Gefühl beginnt hinter Linz der Sommer. Von Linz ab wehte die Luft als Landluft, würziger Feriengeruch hing in ihren Schwingen. Bei Linz fing die Natur an und hörte nicht mehr auf. Westwärtsfahrende, die im Zug eingeschlafen waren, fragten beim Erwachen zuerst: ›Waren wir schon in Linz?‹ Und wenn sie die Antwort bekamen ›Ja‹, atmeten sie auf, als ob sie sagen wollten: ›Dann wäre also das Schwerste überstanden.‹«

Kurz bevor die Stadt ins Mühlviertel übergeht, steht die Kirche St. Magdalena mit ihrer friedvollen Ausstrahlung und nicht weit davon entfernt der Oberwirt mit seiner gepriesenen Küche. Dazwischen beginnt eine kleine Straße, von der man nicht vermuten würde, dass sie erst im tschechischen Budweis endet. Es ist die Pferdeeisenbahn-Promenade, und ein Gedenkschild erklärt uns die Fakten über die namensgebende Bahn: »Erbaut 1825–1832 durch Ingenieur Franz A. Gerstner als erster Schienenweg des öffentlichen Verkehrs am Festlande Europas bis zur Betriebseinstellung 1872.«

Die Pferdeeisenbahn wurde in erster Linie für den Salztransport gebaut: Das kam aus den Bergwerken und Sudpfannen des Salzkammerguts, aus Bad Aussee, Hallstatt, Ischl und Ebensee, und wurde über die Traun bis zur Donau verschifft, von dort weiter in die Metropolen Wien und Budapest. Nicht versorgt werden konnte der nördliche Teil des Habsburgerreichs, weshalb man zunächst einen Donau-Moldau-Kanal plante, was sich als zu aufwendig erwies.

Im Juli 1832 machte sich das erste Pferdegespann mit Zug auf den Weg von Linz nach Budweis. 1835 wurde die Strecke Gmunden–Linz eröffnet, nach Plänen des Triestiner Ingenieurs Franz Zola, notabene Vater des berühmten Schriftstellers Émile Zola. Im gleichen Jahr 1835 nahm in Deutschland die erste Dampfeisenbahn ihren Betrieb auf. Die Pferdeeisenbahn war bereits kurz nach ihrer Fertigstellung veraltet. 1872 wurde der Betrieb eingestellt und erst über hundert Jahre später wieder aufgenommen, als Touristenattraktion: In Kerschbaum nördlich von Freistadt haben Bahnliebhaber in einer früheren Station ein Museum gestaltet. Am Wochenende finden Fahrten in historischen Waggons statt, die von einer »Mühlviertler Lokomotive« gezogen werden – sie hat vier Beine, frisst gerne Hafer und wiehert gelegentlich.

Der Pferdeeisenbahn-Wanderweg führt gut beschildert sechzig Kilometer weit vom Magdalenaberg bis Südböhmen und hat den Vorteil, hübsch eben zu sein. Das macht ihn auf seinem Linzer Abschnitt zu einer bewährten Strecke für Jogger oder für Eltern, die einen Kinderwagen vor sich herschieben. Ausblicke auf Linz, spannende Architektenvillen, die gleich neben almhüttenartigen Gebäuden stehen und Reste der historischen Viadukte und Geleise sorgen für Abwechslung. Das Salz dagegen wird heute im Lastwagen transportiert und bei Glatteis auf die Straßen gestreut. Eine Vorstellung, die einen antiken Menschen zur Verzweiflung gebracht hätte, denn das »weiße Gold« galt einst als Währung: Der Lohn wurde in Salz ausbezahlt, worauf das Wort »Salär« noch hindeutet.

Garten Eden

Der Botanische Garten auf dem Bauernberg am Rande des Stadtzentrums bietet sowohl an heißen Sommer- als auch an kalten Wintertagen klimatische Erholung. Im Sommer, weil auf der über vier Hektar großen Anlage stets ein erfrischendes Lüfterl weht, selbst wenn in der Stadt unten die Hitze an den Hausmauern klebt. Hier lässt sich, etwa im Schatten eines Fagus sylvatica, vortrefflich durchatmen. Im Winter hingegen erinnern das Tropenhaus, die Orchideenzucht und das Glashaus mit der europaweit größten und angeblich auch international bedeutenden Kakteensammlung daran, dass es eine Welt jenseits von Schnee, Gatsch und Eis gibt. All das ohne Fernreise und um nur zwei Euro Eintrittsgeld.

Im Tropenhaus kommt für fantasiebegabte Menschen noch ein leises Gruseln dazu: Denn zwischen Pflanzen, die man in diesen merkwürdigen Ausformungen eigentlich nur aus *Universum* oder ähnlichen naturkundlichen Sendungen aus der weiten Welt kennt, erwartet man ständig das Auftauchen irgendeiner exotischen Riesenschlange, die sich die lästige Frau da hinten schnappt und sie zum Schweigen bringt. Aber nein, zur Beruhigung, es gibt hier keine Schlangen, und selbst die lautesten Menschen verfallen irgendwann in andächtiges Schweigen. Angesichts von Blättern, die wie große, grüne Suppenteller auf einem Teich schwimmen oder einer Pflanze, die nur aus einem einzigen, riesigen Blatt besteht oder Blüten von der Größe und Schwere eines Kopfes hätte meine Tante Gudrun zweifellos einen ihrer treffenden Sprüche losgelassen. »Der liebe Gott, wenn es ihn gibt, muss ein Verrückter sein.«

Im Sommer aber ist es in den Glashäusern recht warm, und so tritt man wieder ins Freie, wo weitere zehntausend Gewächse auf ihre Entdeckung warten, die Ufer- und Wasserpflanzen, Heide-, Wald- und Gemüsepflanzen, das Wiesenmoor und das Alpinum, und wenn man zwischen einem Ribes odoratum und einer Lonicera purpusii aufschaut, sieht man die Kirchtürme der Linzer Altstadt und, am Hügel gegenüber, einen Bauernhof. Wem das noch nicht reicht, der kann ins Gartencafé Hoffelner einkehren und unter einem Cedrus libani Wurzeln schlagen.

II – Kultur: Bauen, Schauen, Kauen, Brauen

Linz-en-Provence

Seit 1987 findet im Juli das Linzer Pflasterspektakel statt. Hunderte Künstler und Künstlergruppen verwandeln die Innenstadt in eine Traumwelt von Gauklern und Artisten. Wer Linz an einem Novembermorgen mit Nieselregen kennt, würde an einem warmen Juli-Pflasterspektakel-Abend nicht glauben, dass es sich um dieselbe Stadt handelt. Ganz Linz verwandelt sich in einen Zirkus, einen Zirkus, wie es ihn früher einmal gab: einfach, akrobatisch, poetisch. Es entsteht eine Atmosphäre wie in den Gassen von Aix-en-Provence an einem Sommertag. Einiges hätte man Linz zugetraut, das eher nicht.

Mittlerweile gehört das Pflasterspektakel international zu den wichtigsten Treffen der Straßenkunstszene. Jahr für Jahr kommen über zweihunderttausend Besucher – mehr Menschen, als Linz Einwohner hat! Dennoch ist das Pflasterspektakel nur zum Teil organisiert. Die Stadt Linz bezahlt den Auftretenden zwar die Reisespesen und die Übernachtungen. Doch wer wann und wo auftritt, bleibt den Künstlern überlassen, die, wie sich das im Ehrenkodex der Straßenartisten gehört, auch keine Gage bekommen, sondern vom Hutgeld leben.

Das Pflasterspektakel zu beschreiben ist müßig, ändert es sich doch jedes Jahr. Ich kann nur ein paar Darbietungen schildern, die mich im Lauf der Jahre beeindruckt haben: einen australischen Jongleur, der sechs Feuerkeulen durch die Luft wirbelte

– auf einem winzigen Stelzenpodest in schwindelerregender Höhe balancierend. Die französische Gruppe Les Cubiténistes, die durch Töpfe, Trichter, Schläuche, Flaschen, Rohre, Leitungen, Dachrinnen und Tassen Wasser laufen ließ, wodurch ein imposantes »concert hydrophonique« entstand. Klingt unbeschreiblich – ist es auch. Wundersam verkleidete Fantasy-Gestalten liefen auf meterhohen Stelzen über den Hauptplatz und die Landstraße – der »Herr der Ringe« ließ grüßen. Eine Kapelle von fünf Clowns, die erstklassigen Jazz spielte. Hochradfahrer. Trommelcombos. Eine Samba-Gruppe. Französische Artisten, denen jedes noch so einfache Kunststück mit fantastischer Virtuosität misslang. Ein Dudelsackorchester. Ein Afrikaner im eleganten dreiteiligen Sommeranzug, der in seine linke Gilettasche einen Löffel steckte und in seine rechte eine Gabel, wobei die Griffe gut sichtbar aus der Tasche ragten. Dann zauberte er mit dem Publikum. Beschwor die Magie des Blicks. Brachte selbst den unwilligsten Passanten dazu, ihm bei der Magie zu helfen. Um dann aus der linken Tasche die Gabel und aus der rechten den Löffel zu holen.

Der Abgott der kulturindustriellen Branchen, nämlich die Quote, kann bei Straßenkunst weder manipuliert noch sonst wie gesteuert werden. Die Künstler suchen sich aus, wann sie wo stehen und sie geben ihr Bestes. Den vorsätzlichen Volksverblödern in den Dramaturgien der Fernsehanstalten möchte ich laut zurufen: Es waren nicht die lautesten, aufregendsten, spektakulärsten und seichtesten Darbietungen, die die meisten Zuschauer hatten, sondern die besten.

Zum Beispiel die stille, subtile Aufführung eines Mannes und einer Frau, die pantomimisch ihr

Liebesleben darstellten – vom Kennenlernen über die erste Euphorie bis zur Hochzeit und den ersten Streit. Just im richtigen Augenblick krabbelte ein unbeteiligtes Kleinkind aus dem Publikum auf die beiden Darsteller zu. Das ist Magie. Sie findet alle Jahre wieder in Linz statt. Auf dem Pflaster, das die Welt bedeutet.

Lentos

Was gab es nicht für eine Aufregung, als klar wurde, dass am Donauufer zwischen Brucknerhaus und Nibelungenbrücke ein modernes Bauwerk errichtet werden soll! Ausgerechnet dieses Stückchen Natur inmitten der Stadt, wo Linzer Hunde seit Jahrzehnten quasi gewohnheitsrechtlich ihre Notdurft verrichteten, sollte geschändet werden!

Das Schimpfen auf das »Betonkastl« entwickelte sich bis zu dessen Fertigstellung zu einem Linzer Volkssport, was sicher nicht an der angeblichen Provinzialität der Linzer lag. Ich erinnere daran, dass sich Eduard van der Nüll noch vor Vollendung der Wiener Staatsoper erhängte, nachdem sein Bauwerk als »Königgrätz der Baukunst« bezeichnet worden war. Wie haben ein Dutzend Jahrzehnte später die Wiener auf ihr Museumsquartier geschimpft und die Pariser auf die Pyramide im Louvre! Schlussendlich sind auch die Linzer stolz auf ihr Lentos.

Ohne diesen kühnen Bau aus Stahl, Glas und Beton wäre die Stadt gar nicht mehr zu denken, und es verwundert nicht, dass das Kunstmuseum Lentos seit 2003 zum meistfotografierten Linzer Motiv wurde. Denn heute steht für alle fest: Hier ist dem Schweizer Architekturbüro Weber & Hofer, das sich in einem europaweit ausgeschriebenen Wettbewerb gegen zweihundertachtzehn Konkurrenten durchgesetzt hatte, ein großer Wurf gelungen. Auch die sozialen Ideen sind aufgegangen – so wurde zum Beispiel der große, überdeckte Freiraum in der Mitte des Baus tatsächlich zu einem vor allem bei Jugendlichen beliebten Ort der Begegnung. Dieser Hohlraum in der Mitte gibt in wundersamer Weise der Stadt eine Art »Rahmen«. Die Blicke auf Linz oder auf den Pöstlingberg durch diesen magischen Rahmen vereinen Natur und Kultur, Vergangenheit und Gegenwart.

Am schönsten ist das Lentos in der Nacht, wenn es leuchtet, rosa in der Dämmerung, später wechselnd in Lila-Blau.

Der Bau hat nur einen Nachteil, nämlich interessanter zu sein als die Sammlung, die er beherbergt. Deren ausgestellter Teil ist nicht rasend groß und bis auf ein paar Ausnahmen – etwa eine berückend schöne Linz-Ansicht von Kokoschka – auch nicht sonderlich spektakulär. Immerhin, unter den tausenddreihundertzwanzig Werken der Malerei, Skulptur und Objektkunst, den zehntausend Arbeiten auf Papier und den gut fünfhundert Beispielen künstlerischer Fotografie finden sich Originale fast aller großer Namen, von Frohner bis Hrdlicka, von Haring bis Warhol.

Im Lentos Café hat man innen die Vorgaben von außen weitergesponnen und ein wenig ironisiert: Glas, schwarzer Stein und Holz dominieren, dazwischen hängen schreiend altmodische Luster vom hohen Plafond. Für die Einheimischen kocht man hier italienisch, für Touristen darf's auch ein Schnitzel sein. Die Weinkarte ist sortenreich, die Küche gut und der Cappuccino der vielleicht beste der Stadt. So richtig elegant ist die Lentos-Terrasse, wo es sich im Sommer unter weißen Schirmen trefflich brunchen lässt, und selbst die Grillabende werden mit mondänem Stil zelebriert, fern von Benzinbrennhilfen und verschmorten Käsekrainern. Blick auf Donau und Pöstlingberg in allen Preisen inkludiert!

Okay!

In der Nähe der Landstraße, hinter dem Passage-Einkaufscenter, ist in den letzten Jahren ein neuer und ziemlich cooler Kulturbezirk entstanden, der von den Menschen sehr schnell angenommen und daher mit Leben erfüllt wurde. Das relativ neue »OK« (Offenes Kulturhaus Oberösterreich) und das fast schon altehrwürdig zu nennende Programmkino Moviemento gehen in diesem neu gestalteten Gebäude eine Symbiose ein, auf das Angenehmste ergänzt durch schicke Restaurants und Café-Bars, darunter das »Gelbe Krokodil«, das schon seit vielen Jahren als Treffpunkt der nationalen und internationalen Kunstszene gilt.

Wer sich für moderne Kunst interessiert, darf einen Besuch des Offenen Kulturhauses keinesfalls versäumen: Das OK ist gleichzeitig Experimentallabor, Ausstellungs- und Produktionshaus für zeitgenössische Kunst und begleitet die Umsetzung einer künstlerischen Arbeit von der Idee bis zu ihrer Ausstellung. Eine Sammlung wurde bewusst nicht aufgebaut. Der Bau selbst stammt aus den dreißiger Jahren und wurde nach einem Konzept des Architekten Peter Riepl erweitert. Wie im alten Rathaus am Hauptplatz gelang auch hier ein herausragendes

Beispiel qualitätvoller Architektur, die einen spannungsreichen Bezug zwischen Altem und Neuem herstellt.

Was in den siebziger Jahren, zu Zeiten von Helmuth Gsöllpointners »Forum Metall« und »Forum Design« (mit Angela Hareiter und Laurids Ortner), noch zu Skandalen führte, profitiert heute von Förderungen: International arbeitenden Künstlerinnen und Künstlern werden im OK eine öffentliche Plattform und eine »Laborsituation« geboten. Die Ergebnisse solchen Bemühens, muss ich zugeben, entziehen sich oftmals meinem Verständnis. Aber auch um die Läuterung solchen Banausentums bemüht man sich im OK: Die Kunstvermittlung ist ein zentrales Anliegen des Hauses. Ich hatte das Glück, hier eine Führung mit dem Direktor Martin Sturm zu erleben, der seinen Gästen charmant und unaufdringlich fremde Gedankenwelten näherbringt. Es lohnt, sich mit der gelegentlich elitären oder hermetischen zeitgenössischen Kunst zu beschäftigen, selbst wenn das Ergebnis dieser Beschäftigung nicht zwangsläufig lohnend ist, denn das erwartete »Aha«-Erlebnis besteht gelegentlich darin, still für sich »aha« zu denken.

Hauptkulturstadt

Der Titel »Europäische Kulturhauptstadt« ist im Grunde genommen eine Beleidigung. Eine Stadt, die zur europäischen Kulturhauptstadt erkoren wird, ist keine Metropole, denn die stehen ohnehin im Mittelpunkt. Es ist auch keine Stadt, die durch ein weltbekanntes Festival glänzt wie etwa Salzburg. Zur Kulturhauptstadt wird eine Stadt, der man damit automatisch gewisse Defizite attestiert, die durch den zweifelhaften Titel ausgeglichen werden sollen.

Nun gibt es verschiedene, von der Mentalität und von der Intelligenz der Planer abhängige Möglichkeiten, die frei werdenden Gelder aus Brüssel zu nützen: Manche Städte haben ihre Fassaden auf Vordermann gebracht, ein Kulturhauptstadtbüro gegründet, ein Freiluftkonzert organisiert und das war's dann auch schon. Andere Städte haben es kräftig tuschen lassen und eine solche Vielzahl an kulturellen Veranstaltungen in die Stadt gebracht, dass sich die Bevölkerung und besonders die ortsansässigen Künstler noch jahrelang nicht davon erholen konnten.

So richtig selbstbewusst ist eine Stadt dann, wenn sie sich nicht allzu viel daraus macht, europäische Kulturhauptstadt zu sein.

Nicht zu beneiden sind jedenfalls die jeweiligen Intendanten der Kulturhauptstädte, denn sie können nichts richtig und es schon gar nicht allen recht machen. Was soll so ein Intendant, im Falle von Linz noch dazu ein neutraler Schweizer, denn tun? Unterstützt er jene Leute, die seit dreißig Jahren in Linz Kunst machen, werden alle schreien: Wie provinziell! Fördert er nur Neues, wird es heißen: Wo bleiben die gewachsenen Strukturen? Macht er beides, wird man ihm vorwerfen: Er konnte sich nicht entscheiden! Wo bleibt die Nachhaltigkeit? Überhaupt ist die Nachhaltigkeit in Wirtschafts- und Umweltfragen ja eine gute Sache. Aber alles muss nicht nachhaltig sein. Ein Fest oder ein Festival kann auch eine Momentaufnahme sein oder ein Feuerwerk oder ein Rausch.

Linz 09 ist, wie jede Festivalidee, unsinnig und sinnvoll zugleich. Unsinnig, weil ein Scheinwerferlicht auf einen Ort fällt und wieder erlischt. Sinnvoll, weil in der Wärme des Lichtes Pflanzen gedeihen oder entstehen können oder weil man einiges ganz anders als gewohnt sehen kann.

Wie auch immer: 2009 wird vorübergegangen sein. Linz wird bleiben. Inch' Allah, wie die guten oberösterreichischen Christen zu sagen pflegen.

Museum der Zukunft

Meine erste Begegnung mit dem Ars Electronica Center war eine der seltsamen Art. Vor der Tür standen einander Demonstranten von Greenpeace und Polizisten friedlich gegenüber. Sie taten mir allesamt leid, denn es regnete in Strömen, was den besser ausgerüsteten, klimawandelfesten Greenpeace-Leuten weniger auszumachen schien.

Als ich das AEC betrat, war ich geblendet von der Vielzahl sehr gut gekleideter Frauen und Männern, wobei letztere doch in der Mehrzahl zu sein schienen. Ich war gebückt eingetreten, die tropfende Kapuze hing mir ins Gesicht, und plötzlich tauchte vor mir ein sehr großer, sehr blonder und sehr eckiger Mann auf, der mich sehr höflich fragte, was ich denn hier wolle. Missmutig über den Regen und die dumme Frage sagte ich: Ins Ars Electronica Center, was wiederum der Mann eine offensichtlich so dumme Antwort fand, dass er zwei andere herbeiwinkte, die mir nun auch den Weg verstellten, ebenso bestimmt. Ich nahm die Kapuze ab und begann zu verstehen. Das waren Sicherheitsleute. Und die waren da, wie mich die nette Dame an der Kassa aufklärte, weil im AEC die Regierungsklausur abgehalten wurde.

Ich erklärte mich und vor allem unsere enttäuschten Kinder zu Opfern der rücksichtslosen Regierungspolitik. Haben diese Menschen keine Wohnungen, wo sie sich treffen können? Ich dachte immer, wir bezahlen sie gut genug! Die Dame an der Kassa nahm meine Beschwerde sehr ernst und schenkte uns Freikarten für den nächsten Besuch. Das nenne ich wählerfreundliche Politik! Schließlich wurden wir noch von den freundlichen Herren hinausbegleitet. Danke!

Der Eindruck, die Angestellten des AEC gehörten durchwegs zu den freundlichsten Museumsmitarbeiterinnen und Mitarbeitern Österreichs, verstärkte sich beim zweiten Besuch. Wobei das AEC eigentlich kein Museum ist, es zeigt keine Vergangenheit, sondern die Zukunft. Es ist das Gegenteil eines Museums. Führungen kann man hier trotzdem machen, und das ist durchaus empfehlenswert. Erstens, siehe oben: die Freundlichkeit. Zweitens, weil die interaktiven technischen Sensationen, die es hier zu sehen und auszuprobieren gibt, sich nur Kindern automatisch erschließen, während Erwachsene sich oft ein bisschen schwerer tun und Hilfe dankbar annehmen. Wie auch immer: Kinder und Erwachsene haben jedenfalls viel Spaß am Staunen. Zum Beispiel bei einem Flug durch ein virtuelles Linz, wobei man in eine Art Raumanzug geschnallt und an den Plafond gezurrt wird. Durch Superman-artige Bewegungen kann man die Flugrichtung steuern, die Landstraße entlang oder hin zum neuen Dom … auch die Donau kann man entlangfliegen. Natürlich wollte ich probieren, wie es sich anfühlt, einzutauchen und provozierte einen Sturzflug. Und was passierte? Ich tauchte unter Wasser und bewegte mich zwischen Fischen und Wasserpflanzen.

Und was man sonst noch alles machen kann im

AEC! Sich in die Greenbox stellen und filmen lassen. Dieser Film von Ihnen oder Ihrer Familie oder einer Schulklasse kann dann mit einfachsten Mitteln in die verschiedensten Landschaften gestellt werden. In Gullivers Welt, in altertümliche, in futuristische, in realistische Landschaften. Sie können im antiken Rom herumgehen oder in Fantasiewelten. Mit einem elektronisch vernetzten Scooter können Sie durch diese Welten fahren.

Aber dann ist schon die »Cave« frei, eines der wenigen öffentlich zugänglichen Electronic Visualization Labs – die meisten dieser aufwendigen 3-D-Simulatoren stehen in großen Unternehmen und dienen dazu, dass Manager schon vor Baubeginn durch das neue Betriebsgelände wandern oder den ersten Flug in einer neuen Flugzeugtype machen können. Unser Vergnügen in der Cave ist harmloser: Wir gehen durch die ideale Stadt, wie sie Leonardo da Vinci geplant hatte. Wir stehen mit unseren 3-D-Brillen in einem Raum und empfinden den Flug von der Kuppel des Doms auf die Hauptstraße hinunter als so realistisch, dass wir das Bedürfnis haben, uns festzuhalten. Eine beeindruckende Demonstration der Macht des Geistes: Man steht still da, mit seltsamen Brillen auf, und beginnt zu schwitzen. Jedenfalls fühlt man sich nach der Führung ein wenig wie nach einer Fahrt mit der Hochschaubahn.

Ach ja, und dann kann man noch mit einem elektronischen Schlagzeug spielen und mit Gesängen Bilder erzeugen und Kobolde über einen Tisch gehen lassen (es gibt Kobolde, ich weiß es, ich habe sie gesehen!) und einen Zeichentrickfilm selbst herstellen und eine selbst gefertigte Tuschezeichnung nach Belieben neu zusammenstellen und, und, und … es ist schwer, all das zu beschreiben. Wenn man nach anderthalb Stunden bei einem gepflegten Kaffee in der »Sky Café Bar« im letzten Stock des Ars Electronica Centers sitzt und durch die Panoramascheiben auf das Neue Rathaus, die träge vorbeifließende Donau, den Autoverkehr auf der Nibelungenbrücke und die Skyline von Linz schaut, ist man sich nicht ganz sicher, ob die Welt da draußen echt ist oder in Wahrheit eine Projektion. Und wir selbst nichts anderes als eine zufällige Momentaufnahme, die in diese Wundermaschine gestellt wurde. Aber auch, wenn einem das alles recht seltsam vorkommen mag – so ganz daneben liegt man mit der Vermutung nicht, wonach die Welt vielleicht gar nicht so echt ist, wie sie uns scheint. Schließlich meinte schon Plato vor zweitausenddreihundert Jahren, es handle sich bei dem von uns Wahrgenommenen um Projektionen. So gesehen ist das Ars Electronica Center eine fantastische Untermauerung des Höhlengleichnisses.

Kunst, elektronisch

Ich gebe zu, ein Banause zu sein, was elektronische Kunst betrifft, was zweifellos mit meinem mangelnden Interesse an Elektronik an sich zu tun hat. Natürlich verwende ich einen Computer, aber ohne Begeisterung, fast möchte ich sagen: freudlos (wenn ich nicht Angst hätte, dass er dann beleidigt ist und wieder einmal seinen Geist aufgibt). Ich verdanke es also der Arbeit an diesem Buch, gezwungen gewesen zu sein, mich mit der Ars Electronica auseinanderzusetzen, die seit 1979 zu Linz gehört wie die Donau. Die Linzer Ars Electronica steht heute auf vier Säulen: Dem Ars Electronica Center, dem Festival, dem Prix Ars Electronica (mit fast vierzigtausend Einreichungen und hundertfünfzehntausend Euro Preisgeld wichtigster und höchstdotierter Computerkunstpreis weltweit) und dem Future Lab, einer Art Labor zur Erforschung des Spannungsfelds zwischen Kunst, Technologie und Gesellschaft.

Mittlerweile habe ich – durch manch sachkundige Erklärung, denn manche Codes moderner Kunst muss man eben lernen – einen Zugang zur elektronischen Kunst gefunden, die uns sehr oft existenziell betrifft. Ein Beispiel: Die Installation »maschinemensch« von Christopher Rhomberg, zu sehen in einem Zelt am Linzer Hauptplatz beim Ars Electronica Festival 2006: »Einem voll automatischen System wird die direkte Kontrolle über den Menschen übergeben. Die Versuchsanordnung besteht aus einer abstrahierten Fertigungsstraße, in der dem Menschen mittels elektrischer Muskelstimulationen die Kontrolle über seinen eigenen Körper entzogen und er zu einem unbedeutenden Rädchen im Getriebe wird. Wann und wie die Gliedmaßen bewegt werden, bestimmt der Computer. Der Mensch wird so zum Sklaven des einst von ihm entworfenen Systems. Das Verhältnis Maschine–Mensch wird pervertiert.«

Die Beschreibung klingt etwas theoretisch. Bei dem Experiment zuzusehen war faszinierend und auch schockierend: Interessierte Passanten meldeten sich freiwillig als Versuchsmaschinenmenschen. Sie bekamen eine Manschette um den Arm und eine Art Steuerpult um den Hals, sie wurden verkabelt und an ein Fließband gesetzt. Von außen wurden ihre Bewegungen gesteuert. Sie saßen am Fließband und fegten rote, gelbe oder grüne Schaumgummiteile vom Fließband. Mit unwillkürlichen Bewegungen. Und dabei sehr willkürlich in der Farbwahl, denn es war steuerbar, welche Schaumgummistücke vom Fließband verschwinden sollten. Fremdbestimmt. Was, wenn der Wille des Menschen von der Maschine als unerheblich ignoriert wird? Was, wenn der Mensch von der Maschine kontrolliert wird, die er selbst geschaffen, in deren Abhängigkeit er sich ganz von selbst gebracht hat?

Fragen, die Christopher Rhomberg aufwarf.

Es war unheimlich, sein Fließband-Experiment zu sehen. Manche der Testpersonen fanden es lustig. Die meisten nicht.

Wolkenklang

Eng mit der Ars Electronica verbunden ist die zweite international bekannte Linzer Kulturinstitution, die Klangwolke. Wobei man ja in der Mehrzahl von Klangwolken sprechen sollte, denn es gibt ihrer alljährlich drei: die visualisierte Klangwolke, die Kinderklangwolke und die klassische Klangwolke.

Die Klangwolken finden als Open-Air-Veranstaltung im Donaupark zwischen Nibelungen- und Eisenbahnbrücke statt, und zwar Anfang September. Ich kann mich eigentlich nur an Schönwetter-Klangwolken erinnern und daran, dass es meist empfindlich kühl wurde, wenn sich die klare Nacht über Linz senkte. Aber natürlich habe ich bei Weitem nicht alle Klangwolken seit der Erstbeklangwolkung des Linzer Donauufers 1979 gesehen.

Die erste der Klangwolken ist die visualisierte: Zeitgenössische Musik wird mit Lasereffekten, Videoprojektionen, beleuchteten Schiffen und so weiter zu einem akustischen und visuellen Gesamtkunstwerk. Vielleicht liegt es auch am abschließenden rituellen Feuerwerk, dass die visualisierte Klangwolke mit bis zu hunderttausend Besucherinnen und Besuchern die populärste ihrer Art ist.

Die Kinderklangwolke findet schon am Nachmittag statt und kombiniert Schauspiel und Akrobatik mit Musik von so unterschiedlichen Künstlern wie etwa Konstantin Wecker oder Peter Androsch, dessen schräge Blasmusik von der Magistratsmusik der Stadt Linz (was es alles gibt!) interpretiert wurde.

Die klassische Klangwolke, gleichzeitig Eröffnungskonzert des Brucknerfests, wird live aus dem Brucknerhaus, 1974 nach Plänen des finnischen Architekten Heikki Sirén erbaut, auf Videowalls übertragen. Für das beeindruckende akustische Erlebnis sorgen die Lautsprecherkräne mit einer Leistung von insgesamt zweihundertfünfzigtausend Watt, für das künstlerische das Bruckner Orchester Linz, spezialisiert auf üppige Klangteppiche unter besonderer Berücksichtigung von Pauken und Trompeten. Bei Bruckner (eh klar) und bei den Werken der klassischen Moderne gehört das Bruckner Orchester zweifellos zur Weltspitze, was man etwa bei der Klangwolke 2006 hören könnte, als unter der Leitung des Chefdirigenten Dennis Russell Davies »Petruschka« und »Le sacre du printemps« als regelrechter Klangrausch gefeiert wurden.

Immer wieder beeindruckend bei der klassischen Klangwolke ist die Unterschiedlichkeit des Publikums. Hier eine Studentin, die in der Wiese sitzt und die Partitur mitliest. Dort ein Krawattenträger mit Aktentasche. Japanische Touristen neben biederen Ehepaaren, gruftige Jugendliche neben Polizisten. Und das Erstaunlichste: Diese Menschenmenge ist still, fast andächtig. Es scheint, als versuchten sogar die Autos leiser zu fahren.

Meinen Lieblingsplatz für den Genuss der klassischen Klangwolke sollte ich eigentlich nicht verraten, weil ich dort nächstes Jahr auch noch gerne einen freien Tisch finden möchte. Dennoch muss ich die Terrasse des Arcotels gleich hinter dem Brucknerhaus empfehlen. Hier hat man alles im Blick, und, was wichtiger ist, im Ohr. Außerdem wird diskret serviert – zur Musik gibt es Speis und Trank. Eine Dame am Nebentisch bestellte Linzer Torte zu Bruckner, was mir zu denken gab. Bruckner und die Linzer Torte sind einander diametral entgegengesetzt, neigt die Torte doch zur Trockenheit, die man Bruckners Musik eher nicht nachsagen kann. »Bruckner zwei«, wie die Musikkenner nonchalant sagen, Bruckner zwei in c-Moll gleicht da doch eher einer Malakofftorte, mit einem Extra-Obershäubchen. Und drauf noch eine Kirsche. Eine knallrote.

Verehrte Kenner, sowohl der Malakofftorte als auch Bruckners: Verzeihen Sie bitte meine laienhafte Ungerechtigkeit. Natürlich hat Bruckner seine feinen Seiten und leisen Saiten. Eine befreundete Cellistin, einst auch im Lager der Unverständigen, hat mir als Geläuterte die Bruckner'sche Musik erklärt, was ich in drei Stichworten wiedergeben will: Gottesdienst. Gebet. Leichtigkeit gar. 2008 war ich noch nicht so weit, das zu erkennen. Aber ich werde mir weiterhin Mühe geben. Mit Bruckner und mit der Linzer Torte.

Gut und Hirn

Bleiben wir bei der Musik. Nikolaus Johann van Beethoven, der Bruder des berühmten Komponisten, lebte lange Jahre in Linz und betrieb die Apotheke am Hauptplatz, die Vorläuferin der heutigen Wasser-Apotheke. Beethoven besuchte seinen Bruder immer wieder und vollendete während eines mehrwöchigen Aufenthalts 1812 in Linz seine 8. Sinfonie. Allerdings herrschte zwischen den Brüdern ein sehr gespanntes Verhältnis. Ludwig borgte sich nicht nur Geld aus, sondern ereiferte sich auch über die Privatangelegenheiten von Johann, der in wilder Ehe mit seiner Haushälterin lebte.

Johann Beethoven gelangte als Apotheker zu einigem Wohlstand und konnte sogar ein kleines Landgut erwerben. In seinen Briefen machte er seinem Bruder immer wieder Vorwürfe, weil dieser so schlecht mit Geld umgehen konnte. Einen dieser Briefe signierte er mit: »Johann van Beethoven, Gutsbesitzer«. Die Antwort aus Wien ließ nicht lange auf sich warten. Die Unterschrift lautete: »Ludwig van Beethoven, Hirnbesitzer.«

Hamlet in Linz

Schaurig war es für die Linzer, als bei Renovierungsarbeiten rund um die Stadtpfarrkirche im Herbst 2006 zahlreiche gut erhaltene Skelette von Pestopfern aus dem Mittelalter gefunden und von Archäologen freigelegt wurden. So ein Hamlet'scher Totenschädel lässt einen doch kurz demütiger sein, während man zu einem Termin hastet, ins Kaffeehaus schlendert oder zum Einkauf schreitet.

Die Stadtpfarrkirche, älteste Kirche von Linz mit romanischen Fundamenten, bildete einst die Begrenzung der Linzer Stadtmauer und diente als Wachturm. Das Pendant dazu im Westen war der Landhausturm, der keinerlei sakrale Funktion hatte und ausschließlich als Wach- und Uhrturm diente. Daran kann man ermessen, wie klein das Gebiet von Linz innerhalb der Stadtmauern war. Die Hauptstraße war und ist die Landstraße, die so genannt wurde, weil sie auf das Land führte, das vor den Toren der Stadt begann. Es ist noch nicht so lange her, als in der Blumau, wo zwischen neuem Musiktheater und Wissensturm die Hochhäuser aufragen, allenfalls die Bäume in den Himmel wuchsen.

Theaterdonner

Das neue Musiktheater in Linz kann als Beispiel dafür dienen, dass *direkte* Demokratie nicht immer zu den besten Entscheidungen führt. Nicht alle Themen eignen sich für Volksbefragungen. Der Bau von Moscheen oder Opernhäusern gehört sicher dazu.

Was war geschehen? In Kurzform: Das alte Landestheater an der Promenade, wo Schauspiel und Oper beheimatet sind, platzt aus allen Nähten. Für einen modernen Bühnenbetrieb gab beziehungsweise gibt es einfach zu wenig Platz für Dekorationen oder für die Garderobenbereiche – und auch als Besucher litt man unter mangelnder Bein- und Bewegungsfreiheit.

Geplant wurde also Ende der neunziger Jahre, das altehrwürdige Haus an der Promenade nur noch dem Schauspiel und die benachbarten Kammerspiele dem Jugend- und Experimentaltheater zu widmen. Ein Opernhaus sollte neu gebaut werden, und zwar nach einem ebenso kühnen wie überzeugenden Plan als »Theater im Berg«, teilweise im und über dem Schlossberg, mit der Donau als »architektonischem Element«. Die Linzer Kulturmeile entlang der Donau mit Brucknerhaus und Lentos wäre dadurch erst richtig zu einer geworden.

Als die Planungen schon recht weit gediehen waren, organisierte die FPÖ mit Unterstützung der *Kronen Zeitung* eine Kampagne gegen das Musiktheater, wobei naturgemäß Äpfel mit Birnen verglichen und Argumente aus den untersten Laden der Populismuskiste hervorgeholt wurden. Etwas überspitzt ausgedrückt stand man als Befürworter des Musiktheaters als jemand da, der das Gesundheits- und Sozialsystem aushöhlen will und letztlich an Mangelernährung und Verwahrlosung oberösterreichischer Kinder schuld ist. Eine halbe Million Wählerinnen und Wähler nahmen im Jahr 2000 an der von der FPÖ initiierten Volksbefragung teil, und es kam, wie es kommen musste: Dreihunderttausend stimmten gegen das Musiktheater, zweihunderttausend dafür. (Was im Grunde erstaunlich ist – zweihunderttausend Menschen, die keine große Zeitung hinter sich hatten, stimmten für die Kunst.)

In Österreich sind die Ergebnisse von Volksbefragungen nicht verbindlich. Die Politik musste also auch danach tun, was sie davor versäumt hatte, nämlich: Entscheidungen treffen. Ein anderer interessanter Standort wurde ins Spiel gebracht, nämlich das Urfahraner Jahrmarktsgelände, ein riesiger, sinnloser Pendlerparkplatz im Herzen von Linz, gegenüber von Lentos und Brucknerhaus. Doch auch dieses Projekt scheiterte, und so entschied man sich letztendlich für den Bau des Musiktheaters in der Blumau, dort, wo einst das Unfallkrankenhaus stand. Der britische Architekt Terry Pawson hat einen übersichtlichen und nicht unbedingt umwerfenden Plan erstellt, der den Volksgarten sozusagen als »Vorplatz« des Opernhauses einbezieht.

Auch diesen Bau lehnt die FPÖ übrigens ab, denn, wie es in einer Presseaussendung hieß, für ein Musiktheater besteht in Oberösterreich kein Bedarf.

Man sieht also: Die Gegner haben nichts dazugelernt. Das Musiktheater wird um ständig wachsende Beträge an einem Standort gebaut, der dritte Wahl bleiben wird. Das hätte man sich, in jeder Hinsicht, sparen können.

Von Barockoper bis Rockopa

So mancher Wiener Theatertriumph erfuhr seine ungleich leisere Uraufführung oder Entdeckung im »theaternarrischen« Linz. Kein Wunder, gibt es hier doch zwei Bühnen von Rang, das Landestheater und das Theater Phönix. Letzteres ist um einiges kleiner als das Landestheater, was möglicherweise dazu beitrug, dass das Theater Phönix sich aus der Asche der Traditionspflege erhob und zu einer der wichtigsten Mittelbühnen Österreichs wurde. Ich möchte nicht sagen »Avantgardebühne«, denn das klingt so anstrengend, dabei werden hier durchwegs »kulinarische« Aufführungen geboten: Kritische Grundhaltung und Unterhaltung müssen keine Gegensätze sein.

Auch an den verschiedenen Bühnen des Landestheaters habe ich im Lauf der Jahre Darsteller, Stücke und Inszenierungen gesehen, deren Güte den herablassenden Blick der Theaterleute aus der Hauptstadt ad absurdum führt. Das Problem der Linzer Theater ist das aller »Provinztheater«: Hier werden die Talente entdeckt, gemacht, gefördert – und zwei Saisonen später sieht man sie an den Großbühnen von Wien, Hamburg oder München. Immerhin bleibt mir als lokalem Theatergeher ein kleiner Trumpf. Wenn mir jemand von einer »neuen Entdeckung« erzählt, von einer Schauspielerin, die ich nicht versäumen dürfe oder einem herausragenden jungen Regisseur, kann ich in den meisten Fällen gelassen zur Antwort geben: »Kenn ich schon. Aus Linz.«

Ohne eigenes Ensemble, aber nicht minder couragiert gestaltet der Posthof am Hafen sein Programm: In der modern adaptierten Poststation, in der einst die Pferde gewechselt wurden, sind Kabarett, Musik, Modern Dance und experimentelles Theater zu Hause. Posthof-Manager Wilfried Steiner ist nebenbei noch Autor, und das beim Suhrkamp Verlag. Nicht zu vergessen in der Linzer Theaterszene: das Kellertheater am Hauptplatz und das Kindertheater Kuddelmuddel.

Einige Bühnenstars wurden in Linz geboren, etwa der Tenor Richard Tauber und die Burgschauspielerin Hedwig Bleibtreu, die in Carol Reeds »The Third Man« (mit Orson Welles) zu Weltruhm gelangte, oder Walter Schmidinger, der alle große Rollen an allen großen deutschsprachigen Bühnen verkörperte.

Die bekannteste oberösterreichische Schauspielerin jüngerer Generation ist wohl Sophie Rois, die, bevor sie am Wiener Burgtheater und an der Berliner Volksbühne Karriere machte, im Linzer In-Lokal »E-Schmid« kellnerte – mit stadtbekanntem Grant und gelegentlichen Griffen zum Mikrofon, denn irgendwie gehörte jede und jeder zu einer Band. Die damalige Linzer Musikszene war eine Keimzelle der österreichischen »Subkultur« und Avantgarde. Das lässt sich einerseits dadurch erklären, dass bei deren Entstehen in den siebziger Jahren Linz eine jugendkulturelle Wüste war – und diese Wüste lebte nicht. Man konnte hier also den Punk neu erfinden. Andererseits beförderten die sozialen Gegensätze der Arbeiterstadt eine gewisse Härte der kulturellen Auseinandersetzung. Aus der Spannung entstand Neues, und das war ziemlich spannend. Um nur ein paar Namen zu nennen: das geniale Duo Attwenger, die Hardcoreler Valina, der Elektroniker Fadi Dorninger, die Hip-Hopper Texta oder die Band Shy wuchsen im Linzer Biotop um Stadtwerkstatt, »Café Landgraf« und »Kapu« heran. Nicht zu vergessen Dr. Dietmar Bruckmayrs Formation Fuckhead – ein nach wie vor extremer Grenzgang zwischen Punk, Aktionismus und Körperverletzung, immer noch so wild und schmerzhaft wie vor zwanzig Jahren, trotz Promotion (Wirtschaftswissenschaften!) und Kultstatus.

Das Schloss

Auch wenn das Musiktheater nun woanders gebaut wird – welches architektonische Potenzial der Linzer Schlossberg birgt, zeigt sich bei der Neugestaltung des Schlosses, das hoch über der Donau und der Stadt liegt.

Unter Kaiser Friedrich III. wurde die urkundlich 799 erstmals erwähnte Burg zu einem Schloss umgebaut, in dem Friedrich von 1489 bis 1493 wohnte, nachdem Wien vom ungarischen König Matthias Corvinus erobert worden war. In diesen vier Jahren war Linz – jedenfalls auf dem Papier – als Mittelpunkt des Heiligen Römischen Reiches eine Weltmetropole.

Als Entree zum Schloss baute Friedrich das Friedrichstor mit dem Wappenstein, auf dem man noch heute die rätselhaften Buchstaben »A.E.I.O.U.« lesen kann. Es gibt über hundert Deutungen dieses habsburgischen Mottos, wenn es denn eines ist. In der Schule lernt man, die Buchstaben bedeuteten entweder »Alles Erdreich ist Österreich untertan« oder »Austria erit in orbe ultima«, also »Österreich wird ewig sein«, was man freilich auch mit »Österreich ist das Letzte« übersetzen könnte, wobei man schon ganz nahe an der volkstümlichen Interpretation »Am End' is' ollas umasunst« angelangt ist.

Aller Wahrscheinlichkeit nach handelt es sich bei den Buchstaben um einen geheimen mystischen Code, denn Kaiser Friedrich war nicht nur an den schönen, sondern auch an den geheimen Künsten (Magie, Alchemie) interessiert. Überliefert ist seine Abscheu vor Kriegen. Diesen Pazifismus büßte er durch den Spottnamen »des Römischen Reiches Erzschlafmütze« und durch die »Verbannung« nach Linz, das zu dieser Zeit ein Provinzort mit ein paar Tausend Einwohnern war.

Als Dank für die freundliche Aufnahme erhob der Kaiser Linz zur Hauptstadt des Fürstentums ob der Enns. Er hat sein Herz an Linz verloren, durchaus im wörtlichen Sinn, denn während sein Körper in Wien ruht, liegt sein Herz in der Linzer Stadtpfarrkirche begraben. 1493 starb Friedrich in Linz im Alter von achtundsiebzig Jahren. Allerdings nicht an der Amputation seines Beines im selben Jahr, einer Meisterleistung der frühen Chirurgie. (Als Leibarzt des Kaisers wirkte übrigens der jüdische Gelehrte und Rabbiner Jakob ben Jechiel Loans, ein Kenner der Kabbala.) Friedrich starb, wenn man den Überlieferungen Glauben schenken darf, an einer Wassermelone. Der Kaiser liebte diese ebenso seltenen wie teuren Früchte. Nach verschiedenen

Legenden ist er entweder an einem Kern erstickt oder infolge dramatischen Wassermelonenüberkonsums an Durchfall beziehungsweise Verstopfung (auch darin sind sich die Quellen nicht einig) gestorben.

Gut hundert Jahre später, um 1600, ließ Kaiser Rudolf II. das Schloss abermals um- und ausbauen, wobei das Haupttor zur Stadt entstand, das, wenig überraschend, Rudolfstor genannt wird.

Während der napoleonischen Kriege diente das Schloss als Lazarett. Von hier ging der verheerende Stadtbrand des Jahres 1800 aus, bei dem der Südflügel des Schlosses zerstört wurde.

Später diente das etwas abgelebte Gebäude als Gefängnis und als Kaserne. Von 1953 bis 1963 wurde es gründlich renoviert und danach als Museum des Landes Oberösterreich eröffnet. Auch für Freiluftkonzerte bietet der Schlossberg eine zauberhafte Kulisse.

Das Schlossmuseum ist durchaus einen Besuch wert, selbst wenn gerade keine Sonderausstellung läuft. Man schreitet durch altehrwürdige Räume, erfreut sich an historischen Musikinstrumenten und an der Tatsache, dass die historischen Waffen nun in sicherer Verwahrung bleiben. (Das Museum gehört übrigens zum Oberösterreichischen Landesmuseum, in dessen Stammhaus in der Museumstraße die weltweit größte Sammlung von Arbeiten Alfred Kubins zu sehen ist.)

Was beim Musiktheater leider nicht ging, beim Linzer Schloss funktionierte es: Ein Architektenwettbewerb für den Neubau des 1800 abgebrannten Südflügels wurde ausgeschrieben. Als Sieger ging das Grazer Architekturbüro mit dem merkwürdigen Namen »Hope of Glory« hervor (Hansjörg und Clemens Luser, Martin Emmerer). Anstelle des abgebrannten Lazaretts entsteht nun in einer gelungenen Vermählung von »sehr alt« und »ganz neu« Österreichs größtes Universalmuseum und ein Restaurant mit Universalblick auf Linz.

Die älteste Kirche Österreichs

Über dem Linzer Schloss, am Rande des empfehlenswerten Freinberg-Stadtwanderwegs, steht die Martinskirche, die im Jahr 799 erstmals urkundlich erwähnt wurde. Eine Gedenktafel verlautbart: »Ältester erhaltener Kirchenbau Österreichs«.

Die Martinskirche ist leider oft zugesperrt, man kann aber durch ein geschmiedetes Gitter ins Innere sehen (der Lichtschalter ist links, und das Licht ist gratis!). Ein Madonnenfresko aus dem 15. Jahrhundert erfreut das Auge und die ruhige Stimmung die Seele. Die Martinskirche stellt baulich und spirituell so ziemlich das genaue Gegenteil des Neuen Doms dar, der größten Kirche Österreichs.

Linzer Torte

Das geheime Wahrzeichen von Linz ist ein vergängliches: die Linzer Torte.

»Von Linz kenne ich nur den Bahnhof und die Linzer Torte, die aber eigentlich nicht mehr zu Linz gehört, seit ein gelehrter Kuchenhistoriker festgestellt hat, dass die Torte nicht nach der Stadt, sondern nach ihrem Erfinder, einem Wiener Bäcker namens Linzer, so heißt, wie sie heißt«, notierte Alfred Polgar kurz nach dem Zweiten Weltkrieg. Ergo gibt es das Gerücht schon sehr lange, wonach der Tortenstolz des Linzers, wenn nicht des Oberösterreichers an sich, unbegründet wäre. Wir wollen hier nicht verschweigen, dass es natürlich vor allem Wiener sind, die den Linzern ihre Torte nicht vergönnen wollen, als ob sie nicht genügend eigene Torten hätten, die sie allerdings auch nicht selbst erfunden haben, weil diese überwiegend aus Böhmen stammen …

In der Stiftsbibliothek zu Admont in der Steiermark wurde ein aus dem Jahr 1653 und aus Linz stammendes Rezept für eine Linzer Torte gefunden, das dem heutigen Rezept ähnelt. In historischen oberösterreichischen Kochbüchern taucht immer wieder die Linzer Torte auf, die schon im 18. Jahrhundert als genuine Linzer Spezialität galt, zu einer Zeit also, dieser kleine Seitenhieb sei gestattet, als die Sachertorte noch gar nicht erfunden war. Die Homepage der Stadt Linz weiß gar zu berichten:

»Die Linzer Torte gilt als die älteste bekannte Torte der Welt. Das älteste Rezept stammt aus dem über 350 Jahre alten Kochbuch: ›Buech von allerley Eingemachten Sachen, also Zuggerwerckh, Gewürtz, Khütten und sonsten allerhandt Obst wie auch andere guett und nützlich Ding etc.‹ Insgesamt enthält das Kochbuch bereits zu diesem frühen Zeitpunkt vier verschiedene Rezepte zur Linzer Torte beziehungsweise zum Linzer Teig, was neuerlich ein Beweis für die allgemeine Beliebtheit und die weite Verbreitung dieses Backwerks in der Barockzeit ist. Von den jüngeren Rezepten unterscheiden sie sich vor allem dadurch, dass der Teig stets mit Butterschmalz bereitet wird, in den dann noch ein Butterziegel eingearbeitet wird. Außerdem wird die

Torte als ›Schüsseltorte‹ zubereitet, das heißt, man hat sie in einer (silbernen) Schüssel – ähnlich den heutigen Pasteten – mit Fruchtfülle und einem Gitter darüber gebacken. Gewürze werden nur einmal verlangt und das in Form eines ›gut gewürzten Gitters‹. Mandeln gehören zu jedem Rezept.« Soweit die offizielle Verlautbarung.

Die Linzer Torte ist eine alte und altmodische Torte. Sie scheint mir, jedenfalls in meinem laienhaften Unverständnis für Konditorware aller Art, mehr ein Kuchen zu sein als eine Torte, weil eine Torte ja irgendwie cremig sein sollte oder dreistöckig oder zumindest von einer Schlagobershaube behütet. Die Linzer Torte ist quasi ein Keks, aber nicht ganz, denn diese Rolle wird vom ebenfalls berühmten Linzer Auge übernommen, welches einen anblickt, marmeladig-rot. Die Linzer Torte ist flach, ihr Teig trocken, die Ribiselmarmelade obendrauf sauer. Das muss man mögen.

Wenn jemand sagt: »Das muss man mögen«, meint er damit: »Das mag ich nicht.«

Ich habe lange überlegt, ob ich dieses Eingeständnis machen soll, denn schließlich will ich ja, dass dieses Buch hier in Linz irgendwer kauft, vielleicht sogar eine Linzerin oder ein Linzer. Einer alten Weisheit zufolge gibt es, wenn im Leben eines Mannes der Augenblick der Wahrheit kommt, nur eines, nämlich: »Lügen, lügen, lügen.« In diesem Sinne: Liebe Linzerinnen und Linzer, so schlecht ist die Linzer Torte nicht. Sie ist zwar überwiegend trocken und meist sauer, aber es gibt Abstufungen. Manchmal, wenn man einen Bissen nimmt, denkt man: Ja, eine trockene, etwas saure Torte, aber gut, es gibt nicht immer nur tolle Momente im Leben, da muss man durch, und so weiter, so kommt man schon bis zum Ende. Dann aber, Freunde, gibt es Linzer Torten, da musst du die Mehlspeisgabel schon wie einen Bihänder schwingen, um überhaupt ein Stück runterzukriegen, und auch das bröckelt dann an einer völlig beliebigen Bruchstelle von der Torte. Dann versuchst du, das Stück aufzuspießen, wobei es in viele kleine Brösel zerfällt. Die Brösel stopfst du mithilfe des Kaffeelöffels in den Mund, und dann passiert Folgendes: Das Zwerchfell zieht sich zeitgleich mit den Gesichtsmuskeln ob der Marmeladensäure zusammen, während durch die angestrengten Kaubewegungen feine, sehr trockene Linzertortenwölkchen aus den Ohren stauben.

Die traditionsreichste Linzer Torte stammt aus der Konditorei Jindrak (»Meine Konditorei ist eine Sünde wert«) in der Herrenstraße. Gleich ums Eck, in der Bischofstraße, ordiniert übrigens ein Geigenbaumeister mit dem für seinen Beruf merkwürdigen Namen Franz Übelhör.

Zurück zu den trockenen Fakten: Der nunmehrige Konditor Leo Jindrak III. produziert mit seinen Angestellten jährlich achtzigtausend Torten, die in alle Welt verschickt werden. Jeden Samstag haben Interessierte die Möglichkeit, im »Haus der Original Linzer Torte« unter fachkundiger Anleitung ihre eigene »Original Linzer Torte« zu backen. Und auch die Webadresse *linzertorte.at* hat sich der findige Konditormeister gesichert. Seine Linzertorte ist drei Monate lang haltbar und dementsprechend ... na ja, wie soll ich sagen ... nicht sehr saftvoll. Ach, beenden wir dieses für mich unrühmliche Kapitel mit einer doppelten Flegelei: Was haben die Linzer Torte und Anton Bruckner gemeinsam?

Man muss sie mögen.

Ansfelden ist zwar eine Stadt mit siebzehntausend Einwohnern, muss seine Autobahnabfahrt aber mit Tankstellen und Raststationen teilen. Wenige Meter neben der Autobahn beginnt Ansfelden, das eher wie ein Dorf wirkt – ein Dorf, das sich den riesigen Einkaufspark Haid mit seinen Wohnanlagen als Satellitenstadt hält.

Im »Dorf« Ansfelden jedenfalls, rund um die Kirche, scheint die Welt noch in Ordnung. Der Pfarrhof ist das prächtigste Gebäude der Stadt und übertrifft an Eleganz die Kirche. Ein Schild erklärt, woher diese Grandezza stammt, von einem Baumeister nämlich mit dem eines Mafiaromans würdigen Namen Carlo Carlone. Durchaus italienisch auch die Spanne der Bauzeit: 1696–1707. Carlone entstammte einer weit verzweigten Künstlerfamilie und schuf die oberösterreichischen Barockstifte St. Florian und Schlierbach sowie den »Fischbehälter« im Stift Kremsmünster – wer gleichzeitig riesige Fische und die unerhörte Leichtigkeit italienischer Barockarkaden besichtigen möchte, dem sei der kleine Ausflug empfohlen.

Zurück nach Ansfelden. Unterhalb von Kirche und Pfarrhof und dennoch nicht im Schatten derselben steht ein nettes altes Häuschen. Hier kam Anton Bruckner 1824 zur Welt. Heute erinnert eine Tafel an den »Tondichter« und ein kleines Museum im Gebäude an den bislang größten Sohn Ansfeldens.

Anton Bruckner wird öfter als »Tondichter« denn als Komponist bezeichnet. Das sagt einiges über Bruckner, mehr aber über die Brucknerianer aus. Ähnlich wie die Wagnerianer sind diese eine quasi-religiöse Gemeinschaft, die ausschließlich aus

Fundamentalisten besteht, weshalb man sich besser nicht mit ihnen anlegt. Deshalb ein neutraler Interpretationsversuch: Wenn ein Komponist kein Komponist, sondern ein Tondichter ist, muss er ein besonderer Künstler sein, kein Handwerker, nein, ein Musensohn, von Gott auserkoren, womit wir wieder beim Religiösen wären.

Das schmucke Haus in Ansfelden war einst die Schule, in der zuerst Bruckners Großvater und dann Bruckners Vater um die neunzig Schüler unterrichtete. Bruckners Großvater war damals in nur sechs Wochen zum Hilfslehrer ausgebildet worden. Nach sechs Wochen Ausbildung neunzig Schüler in dieser ungeheizten Klasse zu unterrichten – gut, dass es damals keine PISA-Studie gab!

Ich war an einem der letzten Öffnungstage des Museums Ende Oktober dort und verstand danach, warum hier eine Wintersperre ausgerufen wird: Das Haus wird nämlich auch heute nicht beheizt. Mit Mantel und Mütze besah ich mir also die Exponate, vor allem aber den schönen Holzboden. Die Dame, die das Museum betreute, hatte in ihrer Verzweiflung begonnen, den Boden aufzuwaschen, einfach damit ihr ein bisschen wärmer würde. Mit Besuchern hatte sie nicht mehr gerechnet und erzählte umso lieber Geschichten aus dem Leben Bruckners. Etwa, dass er Glück hatte, als Erstgeborener und einziges von zwölf Kindern nach St. Florian aufs Gymnasium geschickt worden zu sein – sonst wäre er als Kind zu einem Bauern gekommen, um zu arbeiten.

Zur Erklärung einer Vitrine mit Fächern und Haarnadeln, Titel: »Unerfüllte Sehnsucht – Frauen um Anton Bruckner«, kommen wir nicht mehr. Zum Glück, möchte ich fast sagen, denn das Kapitel ist ein bisschen heikel, wie ich später in Wikipedia nachlese: »Die Rolle von Frauen in Bruckners Leben ist eigentümlich: Er schrieb zeit seines Lebens immer wieder Briefe mit Heiratsanträgen, vorzugsweise an junge Frauen um die zwanzig – immer erfolglos. Sie ähneln dem rastlosen Drängen nach Anerkennung in der Musik, nur war hier mit Zeugnissen und dergleichen wenig zu machen.« Und auf *www.bruckner-freunde.at* heißt es: »Aber auch wenn Bruckner ein begnadeter Komponist und augenscheinlich perfekt zu sein schien, litt er an verschiedensten Ängsten und Zwangsvorstellungen. Beispielsweise trug er aus Furcht vor Pollution in der öffentlichen Gesellschaft ein undurchlässiges Unterkleid. Allerdings dürfte sein Zählzwang weitaus bekannter sein. Dieser ist unter anderem in seinen Taktperioden, die durchgängig nummeriert sind, zu bemerken. Gustav Mahler soll einst in Bezug auf Bruckner ›Halb ein Gott, halb ein Trottel‹ gesagt haben.«

Der ehemalige Linzer Domorganist Anton Bruckner, zu Lebzeiten als Orgelvirtuose weltbekannt, als Komponist umstritten, starb 1896 in Wien. Er liegt in der Krypta des Stiftes St. Florian unter der Orgel begraben. Ein »Sinfoniewanderweg« führt vom Geburtsort Ansfelden durch Felder, Wiesen und Wälder bis zum Grab nach St. Florian. In zehn Stationen werden auf Schautafeln Bruckners Sinfonien und ihr biografischer Hintergrund beschrieben.

Traxlmayr

Nicht -huber und nicht -hofer, nicht Mayer und nicht Meier, nicht Draxl und nicht Traxel, nein, das »Traxlmayr« ist ein klassisches Wiener Kaffeehaus im Herzen von Linz, jugendstilig angehaucht, mit allem, was zu einem Kaffeehaus dazugehört: zum Beispiel runde Marmortische, Messingleuchten, ein alter Parkettboden, ein Milchschaumhäubchen auf dem Kaffee, der hier noch in klassischen Tassen und nicht in Ikea-Gläsern serviert wird. Dazu regionale, österreichische, internationale Presse. Besonders hervorzuheben: Hier im »Traxlmayr« wird der laut Schiller edelsten menschlichen Betätigung nachgegangen – dem Spiel. Billard, Dame, Mühle, Tarock, Würfelpoker und vor allem Schach werden zu jeder Tageszeit gepflegt, nicht nur von älteren Damen, die in so manchem Wiener Kaffeehaus dem Bridgespiel nachgehen, stets behütet von aufsehenerregenden Kopfbedeckungen. Nein, hier spielen auch die Jungen. Und die Jungen mit den Alten. Achtzigjährige Schachfüchse duellieren sich mit siebzehnjährigen Parvenüs, die mitunter Landesjugendmeister sind und ihr siegessicheres Gegenüber buchstäblich alt aussehen lassen können.

Es duftet nach Vanille (aus der Tabakspfeife) und Zimt (aus dem Apfelstrudel), und es lässt sich hier, um mit Peter Altenberg zu reden, trefflich nicht zu Hause sein und doch nicht an der frischen Luft. Oder, wie Alfred Polgar es formulierte, dieses Kaffeehaus ist der ideale Ort für Menschen, »die allein sein wollen, aber dazu Gesellschaft brauchen«.

Das »Traxlmayr« ist eine Oase im geschäftigen Treiben der Stadt, wo man sich dem Spiel, den Zeitungen, dem Nichtstun hingeben kann. Völlig zweckfrei und keineswegs sinnlos. Es gibt freilich einen großen Unterschied zwischen einem Wiener Kaffeehaus und dem »Traxlmayr«: Die Kellner hier in Linz sind freundlich.

Nicht so alt, nicht so ehrwürdig, aber gemütlich und durch die ihm zugrunde liegende Philosophie zukunftsweisend ist das »Café Meier« am Pfarrplatz. Publikum wie Personal sind überwiegend Studentinnen und Studenten. Dementsprechend gibt es typische studentische Gerichte wie Nudeln und Suppen. Die Wartezeiten sind manchmal etwas ausgedehnt, denn hier wird noch richtig gekocht, ohne Mikrowelle und mit richtigen Lebensmitteln, wie »Meier«-Chef Bernd Himmetsberger erklärt: »Wir wollten uns nicht zu Handlangern der Industrie machen. Das führte einerseits dazu, dass wir viele Getränke, Marmeladen und Kuchen selbst herstellen, unsere Speisen kochen und keine Fertiggerichte verwenden, und andererseits bei Bauern und möglichst kleinen Herstellern einkaufen.«

Nicht nur an der schwarz-grünen Landesregierung, auch im »Café Meier« sieht man, dass fortschrittlich-ökologisches und wertkonservatives Denken einander keineswegs ausschließen. Das Kaffeehaus strahlt etwas gepflegt Bürgerliches aus, das sich mit der wissbegierig-lebenshungrigen studentischen Atmosphäre auf das Angenehmste vermischt. Freundlich wird auf einem Schild darum gebeten, das Handy hier auszuschalten. Und tatsächlich: Man geht hier zum Telefonieren hinaus. Ebenso wird gebeten, in Maßen und genussvoll zu rauchen, und selbst daran halten sich die meisten. (Manchen wäre es vielleicht lieber, wenn man draußen raucht und drinnen maßvoll telefoniert.) Da den engagierten Kaffeehausbetreibern auch kein »Großraumbüro« vorschwebt, gilt das »Café Meier« als laptopfreie Zone, was sich auf die Stimmung auswirkt. Ein

Lokal, mit jungen Menschen gefüllt, in dem niemand telefoniert oder sich hinter einem Bildschirm versteckt? Sehen Sie sich das an, dann werden Sie bemerken, wie ungewöhnlich ein solcher Ort der gelebten Gesprächskultur heute geworden ist. Wer alleine kommt, wird sich trotzdem nicht langweilen: Das »Café Meier« ist eine offizielle »BookCrossing Zone«, eine Art freier Zufallsbuchverleih, und natürlich liegen Zeitungen und Zeitschriften von A wie *Asterix* bis Z wie *(Neue) Zürcher Zeitung* auf.

Der Haupteingang des Cafés befindet sich am Pfarrplatz, ein zweiter Eingang in der Zollamtstraße. Hier kann man die eigentliche Attraktion des Cafés bewundern, nämlich die hauseigene Kaffeerösterei, die einzige übrigens in Linz. Dieser hausgeröstete Kaffee stammt aus biologischem Anbau von kleinen Bauern, die einen fairen Preis weit über dem Marktwert dafür bekommen. Dieser Kaffee ist also nicht nur anständig und hausgemacht, nein, er schmeckt auch noch gut! Sogar sehr gut. So selbstverständlich ist das nicht, denn das Kaffeerösten erfordert viel Erfahrung. Margit und Bernd Himmetsberger haben sich daran gewagt. Und Linz hat gewonnen.

Der Leberkas-Pepi

Ich hab den Pepi einmal gesehen. Er existiert wirklich und schaut nicht aus wie jemand, der sich ausschließlich von Leberkäse ernährt. Er ist sogar ein ausgesprochen fescher Bursche. Als ich ihn an diesem denkwürdigen Abend in seinem Lokal sah, hat er zuerst sein Geld gezählt. Und dann geraucht. Er wirkte wie ein zufriedener Mann. Leberkäse hat er keinen gegessen. Der Leberkas-Pepi soll übrigens nicht Pepi heißen, sondern Christoph.

Zum Leberkas-Pepi geht man nicht »dinieren«. Man besucht das kleine Lokal zwischen Rat- und Keplerhaus auf einen Vormittagsimbiss zwischen Frühstück im »Traxlmayr« und Brunch im Lentos-Café. Auf einen Mittagshappen. Auf einen Ranken Five-o'clock-Leberkäs, wenn Törtchen und Kaffee den Magen allzu sehr verpicken würden. Auf ein Semmerl zum Mitnehmen im Vorbeigehen. Der wahre Genießer kehrt allerdings ein, lässt sich je nach Appetit ein, zwei Scheiben auf den Teller legen, Semmel, Kornspitz, Laugenweckerl ist optional, süßer Senf dagegen Pflicht. Etwas anderes als Leberkäse gibt es übrigens nicht.

Die wahren Stunden des Leberkas-Pepi schlagen freilich in der Nacht. Darauf weist schon die kühn zu nennende Öffnungszeit von acht Uhr morgens bis vier Uhr früh hin. Hier in der Rathausgasse lässt sich ein trefflicher Nightcup nehmen, ein erfrischendes Bier vielleicht nach dem schweren Roten. Und gegen den nach Mitternacht so gerne aufkeimenden kleinen Hunger, gleichzeitig bestes Katermittel, um das Aufstehen wenige Stunden später zu erleichtern, hilft am besten – Leberkäse.

Es ist schwer zu leugnen, dass manche Kreationen des Leberkas-Pepi eher im Zustand der fortgeschrittenen Illumination genossen werden können, etwa der Pizza-Leberkäse, der gut schmecken mag. Sein Aussehen jedoch gemahnt an – lassen wir das. Es erfordert jedenfalls ein wenig Mut, den Schritt vom Anblick zur Einverleibung zu wagen.

Magerer, von Tierfreunden gemieden, ist der Pferdeleberkäs. Diätbewusste Damen greifen gerne zum Puten-Joghurt-Leberkäse oder zum Spinat-

Leberkäse, dessen intensives Knoblaucharoma aber auch von muskulösen Bauarbeitern geschätzt wird. Interessant für die Geschmacksnerven sind jedenfalls die Kreation mit grünem Pfeffer und der scharfe Chili-Leberkäse. Vormittags, wenn der Gaumen noch nicht so abenteuerlich gesonnen ist, greift man am besten zum Original: ein traditionelles Stück Lebensmittel, zartrosa, flauschig und aromatisch. Ehrlich durch und durch – bis auf den Namen. Denn weder mit Käse noch mit Leber hat der Leberkäse bekanntlich etwas zu tun. Sein etwas unglücklicher Name ist den Marketingexperten des ausgehenden 18. Jahrhunderts anzulasten. Laut Wikipedia geht der Name auf das aus dem Mittelhochdeutschen stammende *lab* für »gerinnen« und das aus dem Westslawischen entlehnte *quas* für »Schmaus« zurück. Die Bayern reklamieren die Erfindung des Leberkäses für sich, ein aus Mannheim stammender Metzger soll ihn anno 1776 erfunden haben – in München. Kurioserweise muss in Deutschland außerhalb Bayerns dem Leberkäse tatsächlich Leber beigemengt werden, und zwar mindestens fünf Prozent, da der Konsument sonst im Sinne der Lebensmittel-Kennzeichnungsverordnung irregeführt würde. Außer man nennt den Leberkäse Fleischkäse. Dann muss er keine Leber enthalten, aber auch keinen Käse. Was nicht logisch ist. Aber wir wollen jetzt keine Beamten rebellisch machen, zumal sie zu Pepis Stammkunden gehören. Jedenfalls – und das steht in ehernen beziehungsweise eisernen Lettern neben dem Eingang des Lokals, gleich unter dem Werbespruch »Leberkas-Pepi – der Himmel der Österreicher«: »Essensmarken vom Magistrat der Landeshauptstadt Linz werden akzeptiert.« Das nenne ich ein gelungenes Kantinen-Outsourcing.

Das Publikum ist ansonsten durchaus gemischt, vom Herrn Doktor über die Hofratswitwe und den schicken Jugendlichen bis zur etwas verwahrlosten Gestalt – alle wollen das Gleiche, und alle werden gleich gut behandelt. Sogar Menschen, die sagen: »Bitte eine Leberkässemmel«, was angesichts der Auswahl so ist, als würde man zur Ikea-Verkäuferin gehen und sagen: »Ein Sofa bitte.«

Im Haus gleich neben dem Leberkas-Pepi vollendete übrigens Johannes Kepler zwischen 1621 und 1626 sein astronomisches Hauptwerk »Tabulae Rudolphinae«. Der Mathematiker, Astrologe und kaiserliche Hofastronom Kepler, in der Nähe von Stuttgart geboren, lebte zwischen 1612 und 1626 in Linz. Er sollte hier eine genaue Karte des Landes ob der Enns erstellen, widmete sich jedoch lieber der Erforschung des Sternenhimmels und der mathematischen Gesetze. Seine Methode zur genauen Berechnung des Inhalts eines Weinfasses stand am Anfang der Integralrechnung, und die Kepler'schen Gesetze zur Berechnung der Planetenlaufbahnen gelten immer noch. Kepler heiratete im Jahr 1613 die Tochter eines Eferdinger Wirts, vielleicht auch in Verbundenheit zu seiner Mutter, die ebenfalls Wirtstochter war. Der Protestant Kepler erlaubte sich in einer Zeit fundamentalistischer Religionskriege, sowohl mit Katholiken als auch mit Protestanten befreundet zu sein, doch diese tolerante Grundeinstellung half ihm keineswegs weiter. Zwar gelang es ihm, seine nach einem langen Linz-Aufenthalt in die Heimat zurückgekehrte Mutter vor dem Scheiterhaufen zu retten, doch die als Kräuterkundige der Hexerei Verdächtigte starb bald darauf an den Folgen der Folter und der Haft. Kepler selbst musste im Verlauf der beginnenden Gegenreformation Linz verlassen.

Er hatte hier seine Hauptwerke geschrieben – nur die bestellte Landkarte hatte keine rechten Fortschritte gemacht. Johannes Kepler beschloss seinen Lebensabend als Hofastrologe Wallensteins. Als er 1630 in Regensburg starb, ahnte niemand, dass die größte der vier Linzer Universitäten dereinst seinen Namen tragen würde.

Aber diese alten Geschichten aus der Nachbarschaft sind nicht so wichtig, wenn man Hunger hat. Dann zählt nur eines, und der Pepi hat es in Verse gefasst: »Net beim Hias / beim Franz oder beim Seppi / an guat'n Leberkas gibt's nur beim Pepi.«

Echte Nachrichten

Auch in Linz prägen mittlerweile Gratiszeitungen das Stadtbild, die an allen möglichen und unmöglichen Plätzen aufliegen oder schon wieder weggeworfen wurden, so genau weiß man das nicht, zumal es ja deklarierte Gratiszeitungen gibt und solche, die mangels Verkaufserfolgs verschenkt werden, in Österreich.

Die engagierteste Linzer Zeitung ist zweifellos die *Kupfermuckn*, die »Straßenzeitung von Randgruppen und sozial Benachteiligten«. Sie hat die mit Abstand freundlichsten Verkäuferinnen und Verkäufer, ein großes Redaktionsteam und Meldungen, die ausschließlich aus der Nachrichtenagentur des Lebens kommen. Und während die Gratiszeitungen mit Headlines wie »Größter Mann der Welt heiratet Zwergen-Frau«, »George Bush gegen die Folter« oder anderen offensichtlichen Enten titeln, macht die *Kupfermuckn* zum Beispiel mit »Häfngschichtn aus erster Hand« auf, für unsere deutschen Freunde: Geschichten aus dem Knast – eine Überschrift, deren Versprechen im Text eingelöst werden.

Bleibt die Frage zu klären, warum die – übrigens von der Autorin Eugenie Kain mitkonzipierte – Straßenzeitung *Kupfermuckn* heißt. Ein Blick auf die Homepage *www.kupfermuckn.at* bringt Klarheit: »Kupfermuckn ist ein Begriff aus dem speziellen Wortschatz Wohnungsloser, eine Art Geheimwort und bedeutet Schlafplatz, Unterschlupf in einem Abbruchhaus, in einer Hütte oder sonstwo. Das Wort stammt aus der Kultur der Landstreicher und meinte – wie uns ein Leser unserer Zeitung einmal geschrieben hat – ursprünglich jene Art von Heuschobern, in denen man wegen ihrer Form gut provisorisch übernachten konnte. Auch heute schlafen Leute in Parks, in Kellern, Stiegenhäusern oder abgestellten Waggons. Es gibt offenbar gute Gründe, (Not-)Versorgungseinrichtungen zu meiden (Auslastung, Schließzeiten, Kosten, Ehre, Stolz ...).«

Nehmen Sie also den Papiermüll nicht geschenkt und kaufen Sie dafür den Journalisten des Lebens etwas ab. So ist allen geholfen!

Busentüchellust oder Arkadien in Linz

Der schrullige Dichter Fritz von Herzmanovsky-Orlando, durch sein Sommerdomizil in Rindbach bei Ebensee mit dem Oberösterreichischen vertraut, verlegte in seiner venezianischen Maskenkomödie »Zerbinettas Befreiung« das gelobte Land Arkadien nach Linz. Der »vornehme Lüstling« Bambagiante möchte die hübsche Zerbinetta verführen und will sie mit kunstvoll schlecht gereimten Versprechungen aus dem schrecklichen Venedig weglocken:

»An meiner Seite blüht Euch ein Idyll
Nach holder Schäferart, im feinsten Styll.«

Sie aber gibt sich spröde und will nur wissen:

»Da faselt Ihr herum von Schäferfreuden – wo fänden wir sie denn?«

Worauf Bambagiante die doch etwas überraschende Antwort gibt:

»Madonna – nur in Linz.
Linz ist die Stadt der Schäfer, glaubet mir!
Ich bin ein weit gereister Kavalier.
Der Städte Kronjuwel und stolzer Prinz,
Das ist Arkadiens bunte Hauptstadt Linz.
Die Donau kühlt die Füße ihrer Mauern
Und trennt die Stadt vom Knollenvolk der Bauern.
Am Tore harrt der Schäfer Corydon –
Weil er zu faul ist, bläst Willkomm sein Sohn.
Er bläst's auf goldnem Horn, dem Ohr zur Wonne,
Mild überstrahlt vom Licht der Abendsonne.
Betrittst du dann die katzenköpfigen Gassen,
Wird dich das Staunen nicht so bald verlassen.
Welch buntes Schäfertreiben Tag und Nacht,
Voll Busentüchellust, Gewänderpracht!
In goldnen Hauben und Florianiröcken
Wogt es ringsum von Mädchen und von Gecken.
Die Mesner selbst in blumigen Talaren,
Sie neigen sich im Tanzschritt den Altaren.
Die Lebewelt schwärmt für den Purpurhut,
Mit einem Gamsbart, der ihn zieren tut.
Und Hirtenstäbe tragen sie mit Bändern,
Daran sich je nachdem die Farben ändern.
In allen Schenken jubiliert und tost es,

Auf allen Herden prasselt es und glost es,
Und so wie anderwärts im Wald die Käfer,
So krabbeln auf dem Pöstlingberg die Schäfer.
Ihr seht, voll Kurzweil ist das Linzer Treiben –
Drum auf nach Linz und lasst uns dorten bleiben!«

Zwei andere Künstler zeigten sich ganz ohne Sarkasmus von Linz angetan, auch (oder weil) sie nur auf der Durchreise waren. Joseph von Eichendorff notierte im Jahr 1808: »Je näher Linz, desto blühender alles umher. Endlich erreichten wir den letzten u. höchsten Berg vor Linz, u. erschraken ordentlich vor der plötzlichen himmlischen Aussicht, u. der zauberischen Lage dieser schönen Stadt … Die Donau, an deren Ufern Linz im Hintergrunde liegt, windet sich majestätisch durch das schöne Tal … Linz schön u. so groß wie Leipzig.«

Doch nicht nur die Stadt wurde gelobt, auch ihre Menschen, etwa vom Dichter Friedrich Nicolai, der 1781 in sein Reisetagebuch schrieb: »Ich hatte viel von den schönen Linzerinnen gehört. Ich habe bei meiner zweimaligen Anwesenheit genau darauf Acht gegeben, und den Ruf bestätigt gefunden. Es fällt einem aufmerksamen Beobachter sehr in die Augen, dass beide Geschlechter hier schön sind, besonders aber das weibliche. Ich habe fast nirgends so wie hier lauter schön gewachsene Frauenzimmer, ohne Ausnahme, gesehen.«

Ein paar Jahre später stellte der Dramaturg und Schriftsteller Johann Ludwig Deinhardstein fest: »Linz gehört in Hinsicht seiner malerischen Lage und seiner herrlichen Umgebungen zu den schönsten Besitzungen des Kaiserhauses.«

Damals freilich war die Vöest noch nicht gebaut, deren rauchende Schlote zwar weder als zauberisch noch als malerisch bezeichnet werden können, die Stadt aber heute definieren. In Innsbruck sieht man im Vorbeifahren die Nordkette, in Salzburg die Festung, in Linz die Vöest. Das mag – auch wenn das diffuse Licht über dem Industriegebiet nachts von geradezu berauschender Schönheit ist – auf den ersten Blick abschreckend wirken. Linz ist eben eine Stadt, die sich nicht jedem gleich eröffnet. Sie möchte entdeckt werden. Wie Arkadien.

Goethe als Muse

Johann Wolfgang von Goethe neigte grundsätzlich dazu, alles ihn Umgebende zu überstrahlen. Dabei gab es seriösere Wissenschaftler, bessere Lyriker, kühnere Romanciers, interessantere Dramatiker als ihn. In der Summe der Genialitäten schlug er freilich alle. Nachhaltig. Auf den Grabstein seines Sohnes in Rom ließ der Dichter zum Beispiel gravieren: »Hier ruht Goethes Sohn«. Einen eigenen Namen brauchte der nicht!

Ähnlich erging es der Linzerin Marianne von Willemer: Sie wird heute als Goethes »Muse« bezeichnet, war sie doch das lebende Pendant der »Suleika« aus der Gedichtsammlung »Der West-östliche Divan«. Aus anderem Blickwinkel betrachtet: Marianne von Willemer war eine eigenständige Schriftstellerin, die nie unter eigenem Namen veröffentlichen konnte und deren Gedichte von Goethe, gegen alle Regeln des heutigen Urheberrechts, in Beschlag genommen wurden. Der gut aussehende Weimarer Autor Jot We Goethe war Marianne von Willemers Muse, so werden wir das ab jetzt sehen!

Eine Gedenktafel an der Mauer am Linzer Pfarrplatz (Nr. 4) erinnert heute noch an Marianne von Willemer, die 1784 in Linz als Marianne Pirngruber, uneheliche Tochter der Schauspielerin Elisabeth Pirngruber, geboren wurde.

Im Alter von vierzehn Jahren übersiedelte sie mit ihrer Mutter nach Frankfurt am Main, wo sie als jugendliche Schauspielerin ihr Publikum verzückte – unter anderem den Dichter Clemens Brentano und den Bankier Johann Jakob Willemer, dessen Frau sie schließlich wurde.

Im Sommer 1814 erhielt Willemer Besuch von seinem alten Freund, besagtem Herrn Goethe aus Weimar. Bald danach begann ein intensiver Briefwechsel zwischen dem verheirateten Johann Wolfgang (seine Frau hatte gerade einen Schlaganfall erlitten) und der Jungvermählten Marianne, ein Briefwechsel, in dem es vordergründig um die Werke des persischen Dichters Hafes ging. Doch Goethe, nicht nur an den Gemeinsamkeiten von orientalischer Kultur und westlichem Denken interessiert, hatte offensichtlich bereits Ahnungen: »So sollst du, muntrer Greis, / Dich nicht betrüben, / Sind gleich die Haare weiß / Doch wirst du lieben.«

Im Jahr 1815 besuchte der fünfundsechzigjährige Dichterfürst erneut die Willemers: »Eine leidenschaftliche Beziehung entwickelte sich«, heißt es in dem Buch »Linzer Stadtführerin«, einer höchst empfehlenswerten Sammlung frauengeschichtlicher Stadtrundgänge. »Ersten Niederschlag fand sie vorerst bei den abendlichen Lesungen der neuesten Verse des Dichters, indem die zwei Verliebten Chiffrenbriefe austauschten. Das waren Kärtchen, die mit arabischen Ziffern Hinweis auf Seite, Absatz und Verszeilen in der Hafis-Übersetzung gaben und die nur der Empfänger beziehungsweise die

Empfängerin auflösen konnte. Doch bald reagierte die Dichterin mutiger. Sie antwortete mit eigenen Versen, trat in den lyrischen Dialog und übernahm die Rolle der ›Suleika‹, während Goethe selber in diesem Zwiegespräch der Liebe ›Hatem‹, den Geliebten, darstellte und – das ist das Einmalige an diesen Liebesgedichten – auch tatsächlich war.«

»Nicht Gelegenheit macht Diebe,
Sie ist selbst der größte Dieb,
Denn sie stahl den Rest der Liebe
Die mir noch im Herzen blieb«,

schrieb Johann Wolfgang, und seine kranke Frau zu Hause wird sich gefreut haben.

»Hochbeglückt in Deiner Liebe
Schelt ich nicht Gelegenheit
Ward sie auch an Dir zum Diebe
Wie mich solch ein Raub erfreut«,

antwortete Marianne ebenfalls recht unverblümt.

Doch wie es so ist mit Dichterfürsten – sie müssen weiter an ihrem Ruhm arbeiten. Goethe reiste wieder ab. In der Veröffentlichung des »West-östlichen Divan« weist keine Zeile Marianne von Willemer als Mitautorin aus. Sie hat Goethe nie wieder gesehen.

Rindfleisch, Taube, Bärentöter: Literatur in Linz

Bei näherer Betrachtung sind mit wenigen Ausnahmen alle österreichischen Schriftstellerinnen und Schriftsteller entweder in Oberösterreich geboren oder gestorben. Manche leben auch hier. Der berühmteste Linzer Schriftsteller kam 1805 in Böhmen zur Welt und schnitt sich in der Nacht vom 25. auf den 26. Jänner 1868 mit einem Rasiermesser die Kehle durch: Adalbert Stifter. Der Autor feinsinniger Werke wie »Bergkristall« oder »Der Nachsommer« war auch als Maler, als Landeskonservator für den Denkmalschutz, als Schulinspektor sowie als Journalist tätig, etwa für die *Linzer Zeitung*. Diese erschien übrigens erstmals im Jahr 1630 und ist somit die älteste noch existierende Zeitung der Welt, ein Titel, den die gut siebzig Jahre jüngere *Wiener Zeitung* in spätimperialer Selbstüberschätzung fälschlicherweise für sich usurpiert.

Sein langjähriges, sich stetig verschlimmerndes Leber- und Nervenleiden hatte zweifellos mit seiner Trunk- und Esssucht zu tun: Verbürgt ist etwa, dass Stifter pro Jahr sechshundert Liter Wein konsumierte. In einem Tagebuch beobachtete er seinen Gesundheitszustand: »Bis Abends ausgezeichnet. Suppe Rindfleisch Taube Spargel sehr gut. Nachts infolge Zorn wegen der Frau unruhig.«

Dieser »Zorn wegen der Frau«, den Stifter nur in weiter Ferne in die brieflich beschworene Harmonie der idealen Gefährtenschaft umwandelte, sowie der Selbstmord seiner Ziehtochter dürften neben der übermäßigen Kost ebenfalls zu »Schwermut, Gram und Bitterkeit« des dicken, kleinen Mannes beigetragen haben.

Das Haus, in dem Adalbert Stifter lebte und starb, befindet sich an der Donaulände gegenüber dem Lentos-Museum und heißt heute – wenig überraschend – StifterHaus. Die ehemaligen Wohnräume des Dichters wurden in ein oberösterreichisches Literaturmuseum mit einem Gedenkraum umgewandelt. In den anderen Stockwerken befinden sich unter anderem das oberösterreichische Literaturhaus sowie das Adalbert-Stifter-Institut des Landes Oberösterreich, dessen Leiterin Petra-Maria Dallinger als Expertin nicht nur der lokalen Geistesgeschichte bezeichnet werden darf. Wie etwa neunundneunzig Prozent aller Absolventen einer österreichischen Schule konnte auch sie als Jugendliche wenig mit Stifter anfangen, bevor sie dessen fast revolutionäre Kraft erkannte: »Wer den Beginn von ›Nachkommenschaften‹ liest, könnte meinen, ein Werk von Thomas Bernhard vor sich zu haben«, erzählt die Germanistin und schwärmt von Stifters Witz und seiner Leidenschaft.

Das StifterHaus ist das Zentrum für Literatur und Sprachforschung in Oberösterreich. Hier werden Nachlässe (etwa von Enrica Handel-Mazzetti, Franz Rieger, Franz Kain oder Christian Loidl) erforscht und Vorlässe (etwa von Gertrud Fussenegger) verwaltet. In den Veranstaltungsräumen im Erdgeschoß des StifterHauses organisiert Regina Pintar an die hundert Lesungen und Buchpräsentationen pro Jahr – eine sowohl quantitativ als auch qualitativ beeindruckende Statistik. Auch Ausstellungen finden hier statt, etwa über Karl May in Linz. Old Shatterhand in Linz?, frage ich ungläubig. Petra-Maria Dallinger zeigt an das andere Ufer der Donau, auf der gerade ein Frachter vorübergleitet und ein Flair von weiter Welt nach Linz bringt. Dort drüben, in Alt-Urfahr, steht – unverwechselbar – die klassizistische Villa Nunwarz, die einst ein Fotoatelier beherbergte. Hier, erzählt die Leiterin des Stifter-Instituts, entstanden die berühmten Fotos, die Karl May in den Kostümen seiner bekanntesten Romanhelden zeigen: Der bildliche Mythos vom Abenteuer-Schriftsteller Karl May entstand in Linz, samt Bärentöter, Henrystutzen und Silberbüchse. Allerdings zerstritt sich der zum Bestsellerautor avancierte »sächsische Lügenbold« mit dem Rechteinhaber der Bilder. Der skurrile Kompromiss: Adolf Nunwarz und Karl May versenkten am 9. Oktober 1902 hundertundein Fotoplatten in der Donau.

Wer meint, das wäre es dann schon mit der Linzer Literatur, irrt gewaltig. Man könnte ein ganzes Buch damit füllen und tat es auch: »Linz literarisch«, herausgegeben von Gregor Gumpert und Ewald Tucai, enthält Texte von Autorinnen und Autoren, die einen Bezug zu Linz hatten oder haben. Hermann Bahr etwa ist in Linz geboren und aufgewachsen. Rilke besuchte hier die Handelsakademie und lernte, wie er in einem Brief schrieb, »die Liebe kennen«. Marlen Haushofer verbrachte hier unglückliche Jahre im katholischen Mädchengymnasium. Gertrud Fussenegger lebt seit über vierzig Jahren in Leonding bei Linz: »Ja, Linz ist eine nüchterne Stadt. Nichts kann heutzutage besser sein, als in einer nüchternen Stadt zu leben.« Franzobel verfasste als Linzer Stadtschreiber ein Buch mit dem Titel »Linz. Eine Obsession«. Margit Schreiner, eine der faszinierendsten Autorinnen der Gegenwart, wohnt nach langjährigen Aufenthalten in Berlin, Frankreich, Japan und Italien wieder in Linz, wo sie aufgewachsen ist – in den Vöest-Häusern der Muldenstraße, nahe dem Hummelhofwald, der ihr als Kind »ziemlich groß und wild erschien«.

Der Romancier und Dramatiker Friedrich Ch. Zauner besuchte die Linzer Lehrerbildungsanstalt, seine Kollegin und Frau Roswitha Zauner die Handelsschule. Ilse Aichinger verbrachte ihre ersten Kindheitsjahre in Linz, Alois Brandstetter besuchte das Linzer Knabeninternat, Käthe Recheis das Gymnasium, Heimrad Bäcker gründete hier die »edition neue texte«, Anna Mitgutsch lebt und schreibt zwischen Boston und Linz, Walter Pilar zwischen Linz und Ebensee, Ludwig Laher kam hier zur Welt, ebenso wie Rudolf Bayr, Herbert Eisenreich, Anselm Glück, Andreas Renoldner und Eugenie Kain. Der Dramatiker Thomas Baum lebt in Linz, der Autor und Kolumnist Christian Schacherreiter ist hier Gymnasialdirektor, Rudolf Habringer war Linzer Gymnasialschüler und Andreas Weber schreibt vorzugsweise am Ufer des Pichlinger Sees, auf einer Parkbank sitzend.

Ob es nun für oder gegen die Stadt spricht, so überdurchschnittlich viele Schriftstellerinnen und Schriftsteller hervorgebracht zu haben, ist eine philosophische Frage, deren Beantwortung ich den Betroffenen beziehungsweise Beglückten überlassen will. Die Hundertschaften, die ich in meiner Aufzählung vergessen habe, bitte ich um Verzeihung.

Denkmäler

Über Denkmäler zu schreiben ist sinnlos. Freilich, ich könnte Ihnen nacherzählen, was ich selbst gelesen habe: In der Mitte des Linzer Hauptplatzes steht ein merkwürdiges Monument, das Dreifaltigkeitssäule genannt wird. Entworfen 1714 von Antonio Beduzzi, geweiht im Jahr 1723. Errichtet aus Dankbarkeit gegen die Überwindung der Pest, einer Feuersbrunst und der Kriegsgefahr. Das seltsame, nach neuesten Erkenntnissen der Anatomie eher an einen Darmabschnitt erinnernde Werk stellt angeblich eine Wolkensäule dar.

Aber wozu das ganze Wissen über ein Denkmal? »Denkmale haben außer der Eigenschaft, dass man nicht weiß, ob man Denkmale oder Denkmäler sagen soll, noch allerhand Eigenheiten«, schrieb Robert Musil. »Die wichtigste davon ist ein wenig widerspruchsvoll; das Auffallendste an Denkmälern ist nämlich, dass man sie nicht bemerkt. Es gibt nichts auf der Welt, was so unsichtbar wäre wie Denkmäler. Sie werden doch zweifellos aufgestellt, um gesehen zu werden, ja geradezu, um die Aufmerksamkeit zu erregen; aber gleichzeitig sind sie durch irgendetwas gegen Aufmerksamkeit imprägniert, und diese rinnt wie Wassertropfen-auf-Ölbezugartig an ihnen ab, ohne auch nur einen Augenblick stehen zu bleiben … Man kann nicht sagen, wir bemerken sie nicht; man müsste sagen, sie entmerken uns, sie entziehen sich unseren Sinnen: es ist eine durchaus positive, zur Tätlichkeit neigende Eigenschaft von ihnen!«

Ich danke Robert Musil für diese bestechenden Argumente, Ihnen und mir in diesem Buch die Beschreibung von Linzer Denkmalen (oder -mälern) zu ersparen.

»… und rechts sehen Sie …«

Beginnen wir einen kleinen Rundgang (ohne Denkmalbeschreibung) beim Rathaus, das Sie auf jeden Fall auch innen besichtigen sollten, stellt es doch ein herausragendes Beispiel dafür dar, wie sich historische Substanz mit moderner Architektur und »Kunst am Bau« verbinden lässt. Noch Anfang der neunziger Jahre gab es hier in jedem Zimmer einen eigenen Kohleofen, die Beamten mussten selbst nachlegen und hatten auch bei flauer Aktenlage immer etwas zu tun.

Vom Balkon des Rathauses verkündete Hitler im März 1938 den »Anschluss« Österreichs an das Deutsche Reich. Steht man vor dem ominösen Balkon, fällt auf, wie klein und niedrig er eigentlich ist – auf den Propagandabildern der Nazis sah das alles viel glorreicher aus.

1873 hieß der Linzer Hauptplatz »Franz-Joseph-Platz«, 1921 »Platz des 12. November«, 1934 wieder »Franz-Joseph-Platz«, 1938 »Adolf-Hitler-Platz«, seit 1945 heißt er wieder Hauptplatz. Hoffentlich bleibt es in nächster Zeit bei dieser ebenso treffenden wie zeitlosen Bezeichnung.

Die Schönheiten des Hauptplatzes, der bereits um 1230 in dieser Größe konzipiert wurde, liegen im Verborgenen. Es war in Linz eine Zeit lang modern, italienische Arkadeninnenhöfe zu bauen. Diese erfüllen im Süden die Funktion, in den heißen Sommern die Fassaden zu beschatten und zu kühlen, wohingegen sie nördlich der Alpen die wünschenswerte Erwärmung verhindern und den Schnee fangen. Trotz der architektonischen Sinnlosigkeit erfreuen diese Innenhöfe noch heute Auge und Herz. Und in lauen Sommernächten, bei einem Glas Chianti, kann sich durchaus ein toskanisches Lebensgefühl einstellen. Gehen Sie also einfach in jedes Haustor, in jeden Durchgang, Sie werden staunen! Gleich neben dem Rathaus zum Beispiel teilen sich das Studentenbeisl »Alte Welt« und ein chinesisches Restaurant solch einen Arkadenhof. Besonders verwinkelt und romantisch sind die Arkadengänge beim Hotel Wolfinger schräg gegenüber oder beim Restaurant »El Greco«, wo man wie in Griechenland zwischen Säulen sitzt. Nur stammen diese Säulen nicht aus der Antike, sondern aus einem Mühlviertler Granitsteinbruch.

Es gab einst eine Steuer, die pro Fenster auf dem Linzer Hauptplatz zu entrichten war. Das erklärt, warum diese Häuser relativ schmal sind – und dafür bis zu achtzig Meter tief! Wenn Sie das »El Greco«-Gässchen weitergehen bis zum Ende der Arkaden, sehen Sie rechter Hand ein kleines Stück der alten Stadtmauer – das ist der wahrscheinlich älteste erhaltene Teil von Linz.

Wir setzen unseren Rundgang fort: Durch die Hofgasse, wo der große Falco und andere Berühmtheiten im Szenelokal »Vanilli« gefeiert haben, gelangt man zum alten Marktplatz. Im Haus des »Café Centrum« fand 1762 das erste Konzert des von Falco besungenen Amadeus auf österreichischem Boden statt – bekanntlich gehörte ja Salzburg damals nicht zu Österreich. Wenn Sie weitergehen Richtung Landhaus, finden Sie an der Adresse Altstadt Nr. 17 ein weiteres Mozarthaus (und wieder so ein schöner Innenhof!). 1783, auf der Rückreise von Salzburg nach Wien, hielt sich Wolfgang Amadeus Mozart als Gast des Grafen Thun für längere Zeit in Linz auf: »… Dienstag, als den 4ten November werde ich hier im Theater academie geben. – Und weil ich keine einzige Simphonie bey mir habe, so schreibe ich über hals und kopf an einer Neuen, welche bis dahin fertig seyn muss«, schrieb er am 31. Oktober 1783 an seinen Vater. In vier Tagen entstand die Sinfonie in C-Dur, die den Namen »Linzer Sinfonie« trägt: Durchaus heiter, strahlend, doch wie alle späteren Sinfonien Mozarts mit einem Tanzbein im Abgrund.

Und dann stehen Sie schon vor dem Landhaus, einem prächtigen Renaissancebau, heute Sitz des oberösterreichischen Landtags und der Landesregierung – hier residiert, nur wenige hundert Meter vom mächtigen roten Bürgermeister entfernt, der mächtige schwarze Landeshauptmann. Die zwei gegensätzlichen Machtzentren der Stadt Linz blockieren einander allerdings selten, wenn man den Politik-Insidern glauben darf. Es wäre naiv zu glauben, es gäbe keine Konkurrenz zwischen den Parteien und den von ihnen begünstigten Institutionen. Doch Konkurrenz kann ja oft beflügelnd wirken. Das merkt man auch am ehemaligen Versammlungshaus der protestantischen Landstände, der Herren und Ritter, die mit Hilfe italienischer Architekten zeigten, dass nicht nur Katholiken imposante Bauwerke errichten lassen können. Das Landhaus beherbergt einen der schönsten Innenhöfe der Stadt, einen eleganten Renaissance-Arkadenhof, der leider nur zwei Seiten hat, da die anderen beiden dem Stadtbrand von 1800 zum Opfer fielen.

Wer das Glück hat, zu einem Empfang des Landeshauptmanns eingeladen zu werden, kann den »Steinernen Saal« kennenlernen. Doch auch die anderen Räumlichkeiten im Landhaus sind mehr als nur gediegen und dienten in früherer Zeit als Herberge für noble Gäste. Die bayerische Prinzessin Elisabeth, später als »Sisi« bekannt, übernachtete im Landhaus, bevor sie zu ihrem künftigen Gemahl nach Wien reiste.

Event, Event

Längst ist der Advent nicht mehr die stillste, sondern die schrillste Zeit des Jahres. Linz bildet da keine Ausnahme. Von Event zu Event schleppt sich der weihnachtsgestresste Zeitgenosse. Ob die Feste noch an jenen Tagen gefeiert werden, auf die sie fallen, spielt keine Rolle mehr. Perchten, die brauchtumskorrekt erst in den letzten Raunächten die Alpentäler bevölkern sollten, wanken bereits in der Vorweihnachtszeit betrunken durch die Gassen, aber wen kümmert's, standen doch schon an den letzten warmen Sommertagen die Nikolos in den Supermarktregalen.

Die Zeit vor Weihnachten ist die finsterste Zeit des Jahres, und unsere Vorfahren erfanden einst ein paar gute Strategien, um sich dem daraus ergebenden Frusteln und Frösteln zu entziehen. Man zündete ein Feuer im Kamin an, stellte Kerzen auf den Tisch, aß fettes Räucherfleisch und süße Kekse, trank heißen Wein mit erwärmenden Gewürzen wie Nelke, Zimt und Anis und freute sich auf die Sonnenwende, die allmählich die Wiederkehr des Lebens brachte.

All das, was den Zauber dieser Zeit ausmacht, wird heute vermarktet und geschunden. Die Dealer des synthetischen Weihnachtsglücks sind auf den Weihnachtsmärkten anzutreffen, und davon gibt es in Linz gleich zwei: einen auf dem Hauptplatz und einen im Volksgarten. Hier wird mit Plastikscheitern und Licht aus elektrischem Strom das offene Feuer imitiert, was auch gut so ist, weil sonst die Plastikchristbäume, die allerorten angeboten werden, zu leicht Feuer fangen könnten. Es riecht nach billigen Ölen in kitschigen Duftlampen, nach fetttriefenden Würsten und Punsch, der diesen Namen nicht verdient, handelt es sich dabei doch nur um einen in einem Chemiewerk hergestellten Extrakt, der mit Wasser und Alkohol zu einem Getränk verdünnt wird, das so schmeckt, wie Weihnachtsmärkte im

Allgemeinen sind: voll billiger Süße und künstlichen Inhaltsstoffen. Der Punschrausch verklebt den Magen, der Konsumrausch das Hirn. Es wird scho glei Dumping, denn süßer die Kassen nie klingeln.

Eine der seltenen Ausnahmen stellt das »Kerzenziehen« im historischen Gewölbe des Hotel Wolfinger am Hauptplatz dar: Mit etwas Geduld und Geschicklichkeit kann hier jeder Besucher aus heißem Bienenwachs in traditioneller Handarbeit eine duftende Kerze anfertigen. Das macht Freude, und zwar gleich doppelt, weil man mit dem Kauf der Kerze die Lebenshilfe unterstützt.

Und noch ein Tipp für Kinder und kindisch gebliebene Erwachsene: Zwischen dem Weihnachtsmarkt auf dem Hauptplatz und jenem im Volksgarten verkehrt ein Bummelzug, also einer jener etwas größeren Spielzeugzüge, die schienenlos durch die Stadt fahren, und in denen jene Touristen sitzen, die keine Peinlichkeit scheuen. Nehmen Sie Ihre Kinder mit oder leihen Sie sich welche aus, sie werden ihre Freude haben, die Kinder. Und Sie auch.

III – Geschichte: Führer, Vöest und Fankultur

Linz unterirdisch

Versteckte Türen mitten in der Stadt führen, wie in Spionageromanen beschrieben, in geheimnisvolle unterirdische Welten, in denen einen sanftes Gruseln befällt. Seit vielen Jahren führt Linz-Guide Gundi Grabner durch die ehemaligen Linzer Luftschutzstollen unter dem Bauernberg und unter dem Schlossberg.

Der Limonikeller unter dem Bauernberg diente lange vor dem Krieg als Wein-, Bier- und Eiskeller. Seinen Namen verdankt er jenen Bürgern, die im 19. Jahrhundert, als das hier an den Hängen des Hügels en vogue war, in ihren Glashäusern Zitronenbäume züchteten. Bereits im »Anschluss«-Jahr 1938, kurz vor Kriegsbeginn, gab die Nazi-Regierung die Anweisung, in allen Städten des Deutschen Reiches Zivilschutzmaßnahmen zu ergreifen. So wurde der Limonikeller zu einem vierzehn Kilometer langen Luftschutzstollen ausgebaut, perfekt mit nummerierten Räumen, Hebammen- und Arztzimmer, mit Toilettenanlagen, Wasser, Kanalisation und einem Frischluftsystem. Im gesamten Deutschen Reich waren die Raumnummern (Lazarett, Kinderzimmer et cetera ...) der Luftschutzstollen gleich, man sollte sich in jeder Stadt zurechtfinden können. Im Organisieren des Untergangs waren die Nazis perfekt. Da der Limonikeller nur etwa zehntausend Menschen Unterschlupf bot, wurden andere Stollensysteme gegraben, etwa unter dem Schlossberg, in der Nähe des heutigen Römerbergtunnels. Der Tunnel war über einen Kilometer lang und bot etwa zwei- bis dreitausend Menschen Schutz. Einfacher war es freilich, schon existierende Keller auszubauen, etwa die unterirdischen Räume der Weinkellerei Cembran, noch heute eine erste Adresse in Linz (zum Glück nicht als Luftschutz-, sondern als Weinkeller).

Es lässt sich immer noch nachvollziehen, warum der Limonikeller bei den Linzerinnen und Linzern im Fall eines Bombenalarms beliebter war als der Stollen im Schlossberg: Der Limonikeller ist in Sandstein gehauen und mit Ziegelbögen ausgekleidet, sehr geräumig und relativ trocken. Unter dem Schlossberg dagegen wachsen Stalaktiten von den gruseligen Granitwänden, es tropft und rinnt allerorten und, was laut Zeitzeugen am schlimmsten war: Das Granitgestein verstärkte oft die Erschütterungen und den Lärm der Bombendetonationen, während der weiche Sandstein das Beben der Erde gleichsam schluckte. Überraschenderweise muss man sich den Luftschutzkeller nicht kalt vorstellen, selbst wenn die natürliche Temperatur der Stollen etwa bei zehn Grad Celsius liegt. Wegen der vielen Menschen litt man eher unter Hitze. Ein Zeitzeuge erzählt, er habe sich als Kind im Keller eigentlich sehr sicher und geborgen gefühlt. Es gab eine Art Kinderraum, wo man sich mit Gleichaltrigen treffen und im Sand spielen konnte.

Die Erwachsenen, denen bewusst war, was draußen geschah, haben die durchschnittlich sieben Stunden Aufenthaltsdauer pro Alarm im Luftschutzkeller natürlich in schlechter Erinnerung. Zumal in den zweiundzwanzig Bombardements von Linz drei Viertel der Stadt zerstört wurden.

Beim ersten Angriff am 25. Juli 1944 waren zudem viele Opfer in der Zivilbevölkerung zu beklagen. Und zwar, weil es die Linzer nach monatelangen Fehlalarmen einfach müde waren, in die Keller zu gehen. Denn genau ließ sich nie vorhersagen, welche Ziele in der »Ostmark« getroffen werden sollten. Man wusste nur, wann die Maschinen von der alliierten Luftwaffenbasis in Italien starteten, was im Radio durch ein »Kuckuck«-Rufen angekündigt wurde. Das war meist in der Früh. Gegen Mittag kamen die Bomber dann an.

Am 25. Februar 1945 wurden beim schwersten Luftangriff auf Linz neunhundert Tonnen Bomben abgeworfen. Insgesamt fielen achttausend Bomben auf Linz, laut offizieller Statistik starben 1679 Menschen.

Bürgerkrieg

Der kurze österreichische Bürgerkrieg im Februar 1934 brachte zwar in Wien die heftigsten Kampfhandlungen, begonnen hatte er aber in Linz. Seit es allgemeine freie Wahlen und das Frauenwahlrecht (1919) gab, war Linz eine »rote« Stadt. Hier regierten nach dem Ersten Weltkrieg Arbeiter- und Soldatenräte, hier gab es eine starke sozialdemokratische und pazifistische Bewegung, die auch in Wien wahrgenommen wurde. Immerhin war Linz von einer unbedeutenden Provinzstadt der Monarchie zur drittgrößten Stadt der Republik geworden. Als der austrofaschistische Bundeskanzler Engelbert Dollfuß im März 1933 das Parlament ausschaltete, legte der Linzer Gemeinderat offiziellen Protest ein. Doch die Geschichte nahm ihren Lauf: Der republikanische Schutzbund wurde verboten, sozialdemokratische Aktivisten in ganz Österreich verhaftet. Der oberösterreichische Schutzbundführer Richard Bernaschek gab vor seiner Festnahme am Morgen des 12. Februar im Linzer Hotel Schiff den Befehl zum Aufstand gegen den autoritären Dollfuß-Staat. (Im Gebäude des ehemaligen Hotels an der Landstraße befindet sich heute wieder die Landesgeschäftsstelle der SPÖ Oberösterreich.) Die anschließenden Kämpfe, die sich von Linz über Steyr nach Wien ausbreiteten, forderten vor allem auf republikanischer Seite zahlreiche Opfer. Das Bundesheer, ausgerüstet mit Kanonen und Haubitzen, überrollte die nicht ausgebildeten und schlecht bewaffneten Schutzbündler. Standgerichte fällten zahlreiche Todesurteile, unter anderem gegen den siebenundfünfzigjährigen Linzer Arbeitersamariter Anton Bulgari oder gegen den Wiener Schutzbündler Karl Münichreiter, der schwer verletzt noch am 14. Februar 1934 auf einer Tragbahre zum Galgen im Wiener Landesgericht geschleppt und gehenkt wurde.

Erst durch diese Untaten begann der allmähliche Wechsel vieler Sozialdemokraten zur ebenfalls vom Dollfuß-Regime verbotenen NSDAP. Im Parlamentsklub der Österreichischen Volkspartei hängt übrigens bis heute ein Bild von Engelbert Dollfuß. Das in konservativen Kreisen immer noch zu hörende Argument, die Austrofaschisten seien ein Bollwerk gegen die Nationalsozialisten gewesen, wird auch durch die Biografie Bernascheks widerlegt. Dem verhafteten Republikaner gelang mit Hilfe von illegalen Nazis im April 1934 die Flucht ins Deutsche Reich. Nach kurzer Kooperation mit den Nationalsozialisten ging Richard Bernaschek nach seiner Rückkehr nach Linz 1939 in den Widerstand. Er wurde verhaftet, grausamst gefoltert und in den letzten Kriegstagen im Konzentrationslager Mauthausen ermordet. Durch die Spaltung Österreichs und die Abschaffung der Demokratie haben die Dollfuß-Faschisten den Nationalsozialismus nicht verhindert, sondern ihm Tür und Tor geöffnet. Dollfuß selbst wurde von einem Nationalsozialisten erschossen.

Befremdlich auch, dass an der massiven Eingangstür des Neuen Doms eine Inschrift an Bundeskanzler Dollfuß erinnert. Darunter prangt eine andere Tafel aus dem Jahr 2006, wonach die Erinnerung an den austrofaschistischen Kanzler keine Zustimmung zu dessen Politik bedeute. Eine österreichische Lösung …

Der Neue Dom, an dem insgesamt zweiundsechzig Jahre lang gebaut wurde, ist die größte Kirche Österreichs und eines der hässlichsten Gebäude von Linz: in jeder Hinsicht düster und trotz der Riesenhaftigkeit eng. Die Fenster wurden nach Fotomotiven klerikal-realistisch gestaltet, was einigermaßen absurd aussieht. Zwanzigtausend Menschen finden hier Platz – als der Bau begonnen wurde, hatte Linz gerade einmal fünfundzwanzigtausend Einwohner, die Kirche war also immer schon ein bisschen hoffärtig in ihrer Anlage. Immerhin war der Neue Dom voll, als hier 2007 der Kriegsdienstverweigerer Franz Jägerstätter seliggesprochen wurde.

Die »Jugendstadt des Führers«

»Wenn die Vorsehung mich einst aus dieser Stadt heraus zur Führung des Reiches berief, dann muss sie mir damit einen Auftrag erteilt haben, und es kann nur ein Auftrag gewesen sein, meine teure

Heimat dem Deutschen Reich wiederzugeben«, sprach Adolf Hitler vom kleinen Balkon des Linzer Rathauses aus zu einer riesigen Volksmenge.

Das Image von Linz als Nazi-Stadt entstand nicht zufällig. Nicht, dass es hier mehr Nazis gegeben hätte als etwa in Graz oder Wien. Aber Linz war die erste größere Stadt, die Hitler aufsuchte, als seine Truppen am 12. März 1938 in Österreich einmarschiert waren. In dem im Archiv der Stadt Linz erschienenen Buch »Linz zwischen Demokratie und Diktatur« (Herausgegeben von Fritz Mayrhofer und Walter Schuster) erzählt die Historikerin Cornelia Daurer diese dramatischen Stunden nach: »Gegen Mittag erreichten die ersten deutschen Soldaten Linz, wo ihnen ein begeisterter Empfang bereitet wurde. Die frisch angelobte Regierung unter Bundeskanzler Arthur Seyß-Inquart eilte nach Linz, Adolf Hitler entgegen. Dieser traf am Abend ein und wurde von einer jubelnden Menschenmenge begrüßt. Erst durch diesen geradezu triumphalen Empfang in Linz fasste er den folgenreichen Entschluss, Österreich sofort und vollständig dem Deutschen Reich einzugliedern … Noch am Nachmittag des 13. März wurde das ›Gesetz‹ über die ›Wiedervereinigung Österreichs mit dem Deutschen Reich‹ von der österreichischen Bundesregierung unterschrieben. Der ›Anschluss‹ war damit vollzogen.«

Bekanntlich war Hitler in Linz zur Schule gegangen, wie zwei seiner grausamsten Schergen, Adolf Eichmann und Ernst Kaltenbrunner. Der mangelnde Lernerfolg, der Hitler sogar zu einem Wechsel an eine scheinbar »leichtere« Schule nach Steyr zwang, an der er ebenfalls scheiterte, hinderte ihn nicht daran, Linz später als seine wahre Heimat und Lieblingsstadt zu bezeichnen.

Hitler plante, Linz nach dem »Endsieg« zu einer Metropole auszubauen, in der er seinen Alterssitz errichten wollte. Neben Berlin, Hamburg, München und Nürnberg war Linz eine der fünf »Führerstädte«, deren Ausbau absolute Priorität hatte. Hitler besuchte Linz regelmäßig, selbst während des Krieges. Seinen Gästen führte er bei solchen Gelegenheiten seine Lieblingsplätze vor, den Donaublick auf dem Schlossberg, den Innenhof des Landhauses, das Landesmuseum und das Landestheater.

Hitler wollte im Städtedreieck Wels–Linz–Steyr ein riesiges Industrie- und Rüstungszentrum errichten. Linz sollte eine Großstadt mit vierhunderttausend Einwohnern und gleichzeitig eine Kulturmetropole werden, die das von Hitler gehasste Wien in den Schatten stellen sollte. Hitler zeichnete sogar selbst Pläne, die bei seinen Architekten allerdings wenig Begeisterung auslösten, was diese tunlichst verschwiegen.

Es gibt ein berühmtes, erschreckendes Foto aus dem Februar 1945. Jeder vernünftige Mensch wusste zu diesem Zeitpunkt, dass der Untergang des »Dritten Reiches« unmittelbar bevorstand. Das Foto zeigt Hitler sitzend, blass, schlaff, mit dunklen Ringen unter den Augen, vor einem riesigen Modell der geplanten gigantomanischen Donauuferverbauung in Linz: das letzte Spielzeug eines Verbrechers am Rande des Irrsinns.

Der Nazi-Chefarchitekt Albert Speer berichtet, Hitler habe sich selbst stets als Architekt und Baumeister gesehen. In Linz wollte er seinen Lebensabend verbringen und letzte Ruhe finden: »Sein Programm zur Umwandlung von Linz in eine ›Weltstadt‹ sah eine Reihe repräsentativer Bauten beiderseits der Donau vor, eine Hängebrücke sollte beide

Ufer verbinden. Höhepunkt seines Planes war ein großes Gauhaus der NSDAP mit einer riesigen Versammlungshalle und einem Glockenturm. In diesem Turm hatte er in einer Krypta seine Begräbnisstätte vorgesehen. Weitere Höhepunkte der Uferbebauung sollten ein Rathaus, ein repräsentatives Hotel, ein großes Theater, ein Generalkommando, ein Stadion, eine Gemäldegalerie, ein Bibliotheksbau, ein Waffenmuseum und ein Ausstellungsbau werden sowie schließlich ein Denkmal, das die Befreiung von 1938 feiern sollte und ein anderes zur Verherrlichung Anton Bruckners.« Hunderte Seiten und wenige Jahre später heißt es in Speers Erinnerungen: »Selbst noch in dieser letzten Zeit seines Lebens, im April 1945, saß ich mit Hitler gelegentlich wieder im Bunker über die Linzer Baupläne gebeugt, stumm die Träume von einst betrachtend.«

Geblieben sind von den Plänen lediglich die Nibelungenbrücke sowie die beiden Brückenkopfgebäude, die den Weg vom Hauptplatz zur Donau einrahmen. Der Architekt hieß Roderich Fick, doch ein altes journalistisches Gesetz gebietet, über Namen keine Witze zu machen. Merkwürdigerweise werden die beiden Brückenkopfgebäude des Architekten Fick heutzutage nachts titanisch beleuchtet, sozusagen ins rechte Licht gerückt, was nicht gut zum sonst vorbildlichen Umgang des offiziellen Linz mit seiner Geschichte passt. Denn Bürgermeister Dobusch, der dieses Amt seit 1988 ausübt, erkannte sehr früh, dass es nur einen richtigen Umgang mit dem Image von Linz als »Lieblingsstadt des Führers« geben kann: nämlich bewusstes Hinsehen statt der gewohnten Verdrängung. Die wissenschaftliche Aufarbeitung der Nazi-Vergangenheit wurde im Linzer Gemeinderat beschlossen, zahlreiche höchst empfehlenswerte Publikationen sind seitdem erschienen.

Der Schriftsteller Alfred Polgar fasste die schwierigsten Jahre für Linz folgendermaßen zusammen: »Bis März 1938 lag Linz in Oberösterreich, dann lag es im Gau Oberdonau, und jetzt liegt es in der amerikanischen Zone. Viel kommen die Städte herum neuerdings.«

Das jüdische Linz

In der Bischofstraße, die die Landstraße mit dem Neuen Dom verbindet, kam es zu einer merkwürdigen Nachbarschaft. Die Fernsehdokumentation »Linz, Bischofstraße«, die beim Festival »Crossing Europe« 2006 präsentiert wurde, erzählt die Geschichte der jüdischen Familie Schwager, die in der Bischofstraße 7 das bekannteste Linzer Süßwarengeschäft führte: »Zuckerl Schwager«. Auf Bischofstraße 1 wohnte die Familie von Adolf Eichmann, der später für die Deportation und Ermordung von Millionen Juden verantwortlich war. Micha Shagrir, Regisseur des Films und der letzte vor dem Holocaust in Linz geborene Jude, erinnert sich, dass sein Großvater Benedikt Schwager, Vorstand der jüdischen Gemeinde, mit Adolfs Vater Karl Adolf, Vorstand der protestantischen Gemeinde, befreundet war. In Linz-Urfahr erinnert heute die Schwagerstraße an den ehemaligen Vorsitzenden der jüdischen Gemeinde.

Juden lebten wahrscheinlich seit dem 11. Jahrhundert in der Gegend um Linz. Viele Fakten gibt es zu diesem Thema nicht, wie auch der Guide Casimir Palfinger zugesteht, der die dennoch höchst informative Führung durch das jüdische Linz leitet.

Im 14. Jahrhundert werden in der Stadtchronik erstmals Juden erwähnt. Auf dem Alten Markt, dem ursprünglichen Hauptplatz von Linz, sieht man, mit Steinen in den Boden eingelassen, eine weiße Einfriedung: Hier stand die erste Linzer Synagoge. Ein winziger Raum, bedenkt man, dass hier Gemeindezentrum, Gebetsraum und Schule untergebracht waren. 1421 »verschwand« die Synagoge: In Nachahmung der »Gesera von Wien«, des schlimmsten Judenpogroms des Mittelalters, wurden die Linzer Juden zwar nicht ermordet, aber vor die Alternative »Konversion oder Emigration« gestellt. Die meisten entschieden sich für Letzteres. Sie durften erst im 19. Jahrhundert nach Linz zurück.

Ebenfalls auf dem Alten Markt sieht man ein Gebäude mit der Aufschrift »Markthalle«. Hier wurde nach dem »Anschluss« im Frühling 1938 bis in den Herbst hinein die Schule für jüdische Kinder geführt. Jedenfalls theoretisch, denn es gab keine jüdischen Schüler mehr: Die oberösterreichischen Nazis hatten sich das Ziel gesteckt, den »Gau Oberdonau« als Erstes »judenfrei« zu machen. Warum die Schule also offiziell bis 17. November weiter bestand, bleibt eines der Rätsel der nationalsozialistischen Bürokratie.

In der »Reichskristallnacht« am 9. November 1938 wurde die im pseudomaurischen Stil erbaute alte Synagoge in der Bethlehemstraße angezündet. Die Feuerwehr kam zwar, allerdings nur, um ein allfälliges Übergreifen der Flammen auf die umstehenden Häuser zu verhindern. Jüdische Geschäfte wurden boykottiert, ganze Betriebe »arisiert« – etwa jener von Salomon Spitz, berühmt für Liköre und Himbeersaft.

Ein Teil der Familie wurde in den Selbstmord getrieben. Viktor Spitz, der Enkel des Gründers, floh in die Vereinigten Staaten und verkaufte das Unternehmen nach dem Krieg. Die neuen Besitzer behielten den gut eingeführten Markennamen bei.

Von den rund sechshundert Juden, die im März 1938 in Linz lebten, haben sechsundzwanzig das NS-Regime überlebt. Bis 1947 kehrten dreizehn davon nach Linz zurück.

Einer der überlebenden jüdischen Häftlinge des Konzentrationslagers Mauthausen war Simon Wiesenthal, der nach seiner Befreiung mehrere Jahre als geschäftsführender Präsident der Linzer Gemeinde tätig war. In Linz gründete er das Jüdische Dokumentationsarchiv und begann seine Suche nach Kriegsverbrechern.

2007 gab es dreiundvierzig eingetragene Mitglieder der jüdischen Gemeinde Linz. Die neue Synagoge, von Architekt Fritz Goffitzer als eine Art »Beton-Festung« erbaut, steht wieder in der Bethlehemstraße.

Als Schichtler in der Vöest

Um es gleich vorwegzunehmen: Ich war nie »Schichtler« in der Vöest, weshalb mir schon so mancher gebürtige Linzer die Berechtigung abgesprochen hat, ein Buch über die Stadt zu schreiben, die jahrzehntelang mit der Vöest identifiziert und von ihr zugestunken wurde. Tatsächlich behaupten die Kundigen, dass es keinen männlichen Linzer über dreißig gibt, der nicht als Ferialjob in seiner Jugend bei der Vöest gearbeitet hätte. Und wenn nicht bei der Vöest, dann bei der Chemie Linz. Meistens beides. Und alle wissen sie natürlich legendäre Geschichten zu erzählen: vom Hendlgrillen neben dem vierzehnhundert Grad heißen Hochofen; von metertiefem Kohlestaub; vom Bierfrühstück um vier Uhr morgens; von einer eigenen, geheimnisumwitterten Welt aus Eisen, Hitze und Lärm.

Die »Metaller« haben innerhalb der Arbeiterschaft einen ganz besonderen Ruf. Wer Stahl herstellt, auf den fällt etwas von der Unzerstörbarkeit seines Produkts zurück. Der Metaller ist stark und verwegen, wie einst der Schmied in den Dörfern ein eiserner, schneidiger Mann. Das Eisen ist in der antiken Mythologie dem Gott Mars geweiht, und es hat nicht nur mythologisch mit dem Krieg zu tun. Noch heute, da Stahl längst nicht mehr Massenware, sondern ein Hightech-Produkt ist, gelten die Metaller als harte Burschen, was man bei den alljährlichen Gehaltsverhandlungen merkt: Ist die Lohnrunde mit den Metallern einmal überstanden, atmen Unternehmer und Politiker auf.

Meine »Schicht« in der voestalpine – wie man den Konzern heute klein und schick schreibt – beschränkte sich auf etwa drei Stunden: Ich war im Walzwerk, beim legendären Hochofen A und in der Platinenfertigung. Allerdings nicht als Arbeiter, sondern als Teilnehmer der »expedition voestalpine«. Die »Besuchsbestimmungen« klangen ein bisschen gefährlich. Das Tragen von festem Schuhwerk sei unbedingt erforderlich, außerdem wird schmutzunempfindliche Bekleidung empfohlen. Weiters heißt es: »Tragen Sie auf jeden Fall die Ihnen zur Verfügung gestellten Schutzhelme, die Sie für die Besichtigung bestimmter Bereiche erhalten. Auf der ›expedition voestalpine‹ werden mehrere Anlagen besichtigt, die nur über steile Treppen erreichbar sind. Trittsicherheit und zügiges Vorwärtskommen sind Grundvoraussetzung an der Teilnahme. Für Menschen mit Gehbehinderungen oder Höhenangst ist daher die ›expedition voestalpine‹ nicht geeignet … Bleiben Sie immer bei Ihrer Gruppe und verlassen Sie auf keinen Fall die vorgegebenen Besucherwege … Halten Sie sich stets in angemessener Entfernung von Arbeitsvorgängen, bei denen feuerflüssiges Material frei wird.« Schluck, würde Donald wohl sagen.

Auch was Betriebsspionage betrifft, gibt man sich vorsichtig: »Das Fotografieren, sowie Film-, Video- und Tonaufnahmen sind streng verboten. Fotohandys dürfen nicht auf das Werksgelände mitgebracht werden. Ebenso ist das Skizzieren und Anfertigen von Zeichnungen jeder Art auf dem Werksgelände sowie die Veröffentlichung des dort Gesehenen oder Gehörten nur nach schriftlicher Zustimmung der Abteilung Unternehmenskommunikation der voestalpine Stahl GmbH gestattet.«

Weit weniger streng läuft dann die tatsächliche Besucher-Schicht ab. Man trifft sich um halb zehn beim »Blauen Turm«, und eine der wenigen Fragen, die für mich nach der Tour offen bleiben, ist: Was sind das für Menschen, die sich an einem strahlend sonnigen und heißen Samstag einen Industriebetrieb ansehen? Wie Betriebsspione sehen sie nicht aus, aber was weiß man schon, wie ein Betriebsspion aussieht …

Zahlen sind meistens langweilig – jene, die uns nähergebracht werden, während wir in einem Bus über das Gelände fahren, das eine Art »Stadt in der Stadt« darstellt, sind beeindruckend. 2007/2008: zehn Milliarden Euro Umsatz, fast eine Milliarde Euro Gewinn. Weltweit über vierzigtausend Mitarbeiterinnen und Mitarbeiter, zehntausend davon allein in Linz, dreihundert Gesellschaften in insgesamt sechzig Ländern.

Eine Stadt in der Stadt

Das Gelände der voestalpine, der größte Industriestandort Österreichs, ist etwa doppelt so groß wie die Linzer City. Es gibt darin ein Straßennetz von über achtzig Kilometern. Das Schienennetz ist länger als jenes des Bundeslandes Vorarlberg. Die Schienen werden natürlich im eigenen Haus produziert … aber nicht nur für den Eigenbedarf, denn neben »herkömmlichen« Schienen werden auch Sonderanfertigungen hergestellt, Schienen von hundertzwanzig Metern Länge, die für die Hochgeschwindigkeitszüge TGV und ICE zum Einsatz kommen.

Neben Schienen produziert die voestalpine viele Dinge, die man täglich braucht, ohne es zu wissen: Flachteile für Autos, Profilformen für Stahlbauten, Spezialteile für Automobile und Hausgeräte (etwa Kühlschränke). Grob gesprochen könnte man von einem kleinen Wunder sprechen, wenn man als Mitteleuropäer nicht zumindest einmal am Tag mit einem Stück voestalpine zusammentrifft.

Als erstes steuert unser Expeditionsbus die Europlatinenherstellung an. Wir gehen sozusagen den Weg zurück vom Hightech-Produkt zum Roheisen. Was wir von einer Aussichtsplattform zu sehen bekommen, ist eine Science-Fiction-Welt: Roboter, so groß wie Elefanten, nehmen Stahlteile, legen sie einem anderen Roboter hin, der Löcher in sie stanzt, von dort werden sie zu einer vollautomatischen Schweißmaschine weitergeleitet … all das mit an

Breakdance erinnernden Bewegungen und millimetergenauer Präzision. Alles hier ist computergesteuert, vollautomatisiert. Menschen sieht man nur, wenn einmal ein Staplerfahrer vorbeikommt, um Nachschub an Rohmaterial zu bringen.

Und zurück in den Bus und weiter über das Gelände. Vorbei an der Betriebskantine, an der hauseigenen Polizei, an der Feuerwehr, dem Zahnarzt, der Hundestaffel, am Betriebshospital, das neben zwei OP-Räumen auch Massagezimmer beherbergt, wo Heilmasseure ihren Dienst versehen. Einst gab es einen eigenen Betriebsförster, und immer noch findet in dem riesigen Areal einmal jährlich eine Treibjagd statt, weil sich sonst Hasen, Wildschweine, Fasane und anderes Getier in dem »geschützten« Bereich zu stark vermehren und die Unfallgefahr erhöhen würden. Es ist tatsächlich eine eigene Welt, in der wir hier herumgeführt werden.

Das Warmwalzwerk, wo die »Stahlbrammen« ausgewalzt und in Form gebracht werden, ist um einiges »urtümlicher« als die Platinenfertigung. »Warm« ist in Bezug auf dieses Walzwerk eine gewisse Untertreibung, denn die etwa dreißig Meter langen Stahlbänder werden hier auf zwölfhundert Grad aufgeheizt. Auf gigantischen Walzen rollen sie glühend durch die Halle, deren Ende man nicht sehen kann, werden zischend und dampfend abgekühlt, weitergeleitet, wieder erhitzt … Wir stehen auf einer diesmal nicht geschützten Plattform. Der Lärmpegel hier ist so hoch, dass man buchstäblich sein eigenes Wort nicht versteht, und unser weiblicher Guide verständigt sich über Funk-Kopfhörer mit uns. Ich fühle mich hier wie auf einem Großbahnhof, auf dem Züge in einem fort an mir vorüberrauschen, Züge aus glühendem Stahl. Auch hier sieht man nicht viele Arbeiter. Das Fegefeuer funktioniert automatisch.

Noch heißer ist es neben dem Hochofen, in dem Kohleberge aus Polen und Erz aus Brasilien, Afrika und der Steiermark zu Flüssigeisen geschmolzen werden. Über feuerfester Unterwäsche tragen die Arbeiter spezielle Schutzanzüge aus Aluminium mit Vollvisierkapuzen, die es ihnen ermöglichen, in die nach dem »Anstechen« des Ofens ausrinnende »Lava« zu schauen und die Reise des Roheisens zur Weiterverarbeitung zu kontrollieren. Siebzig bis achtzig Grad hat es neben dem Hochofen, und bei diesen Saunatemperaturen müssen die Arbeiter in ihrer doppelten Schutzkleidung schaufeln und Maschinen kühlen und über den glühenden Flüssen balancieren. Ein Mann braucht pro Acht-Stunden-Schicht zwölf Liter Flüssigkeit. Wir Besucher merken auf unserer klimatisierten (!) Aussichtsplattform davon recht wenig. Die verlorene Flüssigkeit wurde in früheren Zeiten dem Körper angeblich in Form von Bier wieder zugeführt. Aber diese Zeiten sind in der voestalpine endgültig vorbei. So wie die gelbrote Dreckwolke über Linz der Vergangenheit angehört, so der Biermann, der einst die verschiedenen Arbeitsstätten besuchte. Kohle schaufeln kann man nach drei Bier immer noch. Einen Computer bedienen (und das tun nun die meisten) nicht mehr.

Hier am Hochofen wird fünfzehn Jahre lang durchgehend gearbeitet, so lange dauert die »Ofenreise«, wie es im Fachjargon heißt. Dann muss der Ofen oder zumindest der feuerfeste Stein in seinem Inneren ersetzt werden. Fünfzehn Jahre lang auch Samstag, Sonntag, Weihnachten, Neujahr, Tag und Nacht will das schnaufende Ungeheuer gefüttert werden, um aus zweierlei Gesteinsbrocken das bestimmende Material unseres eisernen Zeitalters abzusondern.

»Hermann-Göring-Werke«

Im Bus gibt es dann einiges an Geschichte zu hören. Gegründet wurde das Stahlwerk 1938 von den Nazis. Um Platz für die »Hermann-Göring-Werke« zu schaffen, wurde das Dorf St. Peter-Zizlau dem Erdboden gleichgemacht, Tausende Einwohner wurden abgesiedelt. Während des Zweiten Weltkriegs, erzählt unser Guide, wurden Zwangsarbeiter aus dem nahen Konzentrationslager Mauthausen eingesetzt, die nicht nur unter den unmenschlichen Arbeitsbedingungen, sondern auch unter den regelmäßigen Bombenangriffen der Alliierten zu leiden hatten. Denn in den Hermann-Göring-Werken wurde kriegswichtiges Material hergestellt. Später, sagt der Guide, wurden die Zwangsarbeiter entschädigt, und wie wir wissen, war das erst viel später – als viele von ihnen nicht mehr lebten. Dieser Umgang mit der Geschichte betrifft nicht die Vöest allein – ganz Österreich sah sich ja gerne als Opfer.

Nach dem Doch-Nicht-Endsieg übernahmen die Alliierten das Werk und gaben es 1946 an den Österreichischen Staat zurück.

1952 wurde in der Vöest das LD-Verfahren erfunden, das die Stahlerzeugung revolutionierte. LD steht für die beiden Standorte Linz und Donawitz und ermöglichte, kurz gesagt, eine viel schnellere und rationalere Verarbeitung des Roheisens. Eisen ist nämlich zerbrechlich und spröde. Um es in Stahl zu verwandeln, muss der Kohlenstoff heraus: Das

Roheisen wird auf vierzehnhundert Grad erhitzt, Sauerstoff hinzugefügt sowie Metallschrott zum Kühlen, sonst wäre der LD-Tiegel den Temperaturen nicht gewachsen. Deshalb befindet sich auf dem Vöest-Gelände auch der größte Schrottplatz Österreichs. Ironischerweise ist es der Weltmarktpreis dieses alten Metalls, der zu fünfundneunzig Prozent den Preis des fertigen Stahls ausmacht.

Da man international zunächst nicht an das LD-Verfahren glaubte (es schien zu schön, um wahr zu sein), ließ die Vöest zwei Schiffe aus LD-Stahl bauen und schickte sie quasi als Beweis um die Welt. Heute arbeiten weltweit fast alle Werften mit LD-Stahl.

In den siebziger und achtziger Jahren galt die Vöest als Synonym für die Verstaatlichte Industrie und wurde von der Politik nicht nur systematisch ausgehöhlt, sondern musste dann noch als Sündenbock für das Budgetdefizit herhalten. Skandale wie die Intertrading-Affäre besorgten den Rest: 1985, als sich die Situation der Vöest in der weltweiten Stahlkrise allmählich zu bessern begann, verspekulierten Manager der Vöest-Tochter Intertrading Unsummen. Der Konzern stand mit einem Rekordverlust von fünfundzwanzig Milliarden Schilling (etwa zwei Milliarden Euro) vor dem Ruin. Der damalige (sozialdemokratische) Finanzminister Ferdinand Lacina entließ den gesamten Vorstand. Die Umstrukturierung konnte beginnen. 1990 kam es zu ersten Privatisierungen, seit 2005 ist die voestalpine vollständig privat. Elf Prozent der Aktien gehören den Mitarbeitern, und einst abgestoßene Filetbetriebe wie Böhler-Uddeholm konnten wieder gekauft werden. Die CO_2-Ausstoßmenge sank in den letzten zwanzig Jahren um dreißig Prozent, die Staubemissionen sanken seit den siebziger Jahren um fünfundneunzig Prozent. Vorbei die Zeiten, in denen man in Linz täglich die Fenster putzen musste.

Wer sich näher für die Historie interessiert, sei an den »Geschichteclub Stahl« verwiesen: Pensionierte »Vöestler« erforschen mit einer unfassbaren Begeisterung und Akribie die Geschichte ihres Unternehmens. »Echte Experten, die von ihrer Jugend an alles miterlebt haben«, wie der eloquente Professor für Wirtschafts- und Sozialgeschichte, Roman Sandgruber, bestätigte. Ein Besuch im liebevoll gestalteten Museum des Geschichteclubs (siebenhunderttausend archivierte Bilder!) lohnt allemal, und wenn Sie ein paar Geschichten über die Vöest sozusagen aus erstem Mund hören wollen, dann werden Sie hier sicher jemanden finden.

Stimmt nun, frage ich unseren Guide nach der Führung, dass im Warmwalzwerk und neben dem Hochofen für die Mittagspause Hühner gegrillt werden? Sie lacht: »Gesehen habe ich es nie, aber bei zwölfhundert Grad müsste ein Huhn relativ schnell durch sein.«

Der Vöest-Geist

Soweit in aller Kürze die Geschichte der voestalpine und eine kleine Nacherzählung der Führung durch das Unternehmen. Die offizielle »Genehmigung« zur Veröffentlichung durch Dr. Arthur Hagg, zuständig für die »Koordination aller Kommunikationsmaßnahmen der Division Stahl« verläuft nicht nur problemlos, sondern geradezu charmant.

Wir treffen einander im »Blauen Turm«, der Kommandozentrale der voestalpine. In seinem gemütlichen Innviertler Sprachklang erzählt mir Herr

Hagg zahlreiche Geschichten, die er in den letzten Jahren in Linz erlebt hat. Als ehemaliger Manager der Linzer Brillen-Weltmarke Silhouette kennt er sich aus in der Stadt und mag sie. Und er mag die voestalpine: »Es gibt einen Vöest-Geist, den man durchaus Mühlviertler Spirit nennen könnte. Augenzwinkernd sagen wir ja intern gerne, dass die Vöest ein Mühlviertler Unternehmen ist, weil die meisten unserer Mitarbeiter nicht Linzer sind, sondern aus dem angrenzenden Mühlviertel kommen. Wir haben 2007 unser Rekordergebnis mit einer Milliarde Euro Gewinn gemacht. Natürlich spielt das Management dabei eine Rolle. Aber so gut können wir nur sein, weil wir gute Techniker und gute Handwerker haben. Ich möchte Ihnen ein Beispiel geben für den Vöest-Geist: Als es vor einigen Jahren zu einem Unfall kam, über den im Radio berichtet wurde, und in der Folge zahlreiche Maschinen stillzustehen drohten, kamen selbst jene Arbeiter, die frei hatten, und boten ihre Hilfe an. Sie haben nicht angerufen, sie mussten nicht geholt werden, sie waren einfach auf schnellstem Wege in die Vöest gekommen.«

Arthur Hagg vermittelt mir in der Folge noch Begegnungen mit dem »Vöest-Pfarrer« und mit Hans Linsmaier, dem stellvertretenden Vorsitzenden des Arbeiterbetriebsrats der VA Stahl Linz. Die Betriebsräte der Vöest waren seit jeher nicht nur vom politischen Gegner, sondern auch innerhalb der sozialdemokratischen Partei wegen ihrer Unnachgiebigkeit gefürchtet. Legendär etwa die Geschichten rund um den ehemaligen Betriebsrat Franz Ruhaltinger, der es vom Armenschüler zum Nationalratsabgeordneten brachte und der am Höhepunkt der Krise 1986 durch eine Demonstration von fünfundvierzigtausend Vöestlern erreichte, dass der Konzern nicht fallen gelassen wurde.

Hans Linsmaier war damals schon dabei. Linsmaier arbeitet seit 1974 als Industrieelektroniker bei der Vöest, seit 1986 ist er Arbeiterbetriebsrat, seit 2000 stellvertretender Betriebsratvorsitzender der VA Stahl.

Die Entscheidung für die Vöest war richtig, sagt er heute: »Es gab Milliarden an Geldzuschuss – und es war eine richtige Entscheidung, denn für die übrige Wirtschaft wäre es eine Katastrophe gewesen, wenn es den Wirtschaftsmotor Vöest für die Region nicht mehr gegeben hätte. Damals Ende der achtziger Jahre ist ein Innovationssprung durch die Informationstechnologie gemacht worden. Durch die EDV konnte man plötzlich ganz anders produzieren. Das hat viele Arbeitsplätze gekostet. Über den Daumen gepeilt: Wir haben heute die doppelte Produktion mit den halben Leuten bei der dreifachen Qualität.«

Ich verabschiede mich und mache mich auf zum nächsten Besuch. Ein unscheinbares Gebäude, »Centrum der christlichen Betriebsgemeinde Vöest« steht darauf. Umgeben ist die »Vöest-Kirche«, die ohne Turm und Glocken auskommt, von einem kleinen Garten. Weil Rupert Granegger Arbeiter und Pfarrer ist, hat er zwei Chefs: Der eine ist Gott, der andere unmittelbare Vorgesetzte heißt Johann Hochgatterer.

Der Herr Pfarrer serviert Kaffee und Wasser und stellt gleich klar, dass er eigentlich kein Pfarrer ist, denn zum Pfarrer gehört eine Pfarre, und die Vöest wird von der Diözese Linz nicht als solche gewertet. Rupert Granegger ist also geweihter Priester, Vöest-Priester. Er trägt keine Soutane, sondern einen voestalpine-Blaumann. Das einzige Indiz dafür, dass der Arbeiter, der mir gegenübersitzt, Priester ist: das Kreuz, das er an einer dünnen Kette um den Hals trägt. Und vielleicht so ein Blick ... ein Blick, der es gewohnt ist, tiefer in Menschen hineinsehen zu wollen.

Die »normale« Arbeit als Techniker für Kleinklimaanlagen hilft dem Betriebsseelsorger dabei, Kontakte zu knüpfen und viele Menschen ansprechen zu können. Als Klimatechniker kommt er in fast allen Bereichen der voestalpine herum. »Ich verdiene aber nicht doppelt, wie manche glauben, sondern sozusagen zweimal die Hälfte.«

Das Knüpfen der Kontakte, um zu erkennen, ob psychologische oder seelsorgerische Hilfe gesucht wird, ist die Grundlage, das Roheisen des Betriebsseelsorgers sozusagen. Auch die Krisenintervention gehört zu seinem Aufgabengebiet: »Ich habe in sieben Jahren bei der Vöest einen tödlichen Arbeitsunfall miterleben müssen. Im Werkstoffzentrum wurde ein Gebäude niedergerissen, ein Arbeiter wollte noch eine Verstrebung lösen, obwohl schon das Warnsignal gegeben war, und wurde von einer Mauer erdrückt. In dem Fall stand ich den Kollegen bei und versuchte, bei der Benachrichtigung der Angehörigen helfend anwesend zu sein.«

Johann Hochgatterer, Meister der Klima- und Brandmeldetechnik und Chef des Arbeiterpriesters, ist stolz auf den Geistlichen in seiner Partie: »Natürlich gab es eine gewisse Reserviertheit bei manchen, einen Pfarrer in unserer Mitte zu haben. Aber heute nimmt es der Großteil gut auf, und manche sehr gut.«

Die meisten in der Firma – wie Rupert Granegger und Johann Hochgatterer – kommen vom Land, aus dem Mühlviertel. Sechzig Prozent der Mühlviertler sind Pendler: Ohne Betriebe wie die Vöest wäre das Mühlviertel nach dem Krieg mehr oder weniger ausgestorben ... »Man kann der Verstaatlichten Industrie viel vorwerfen«, meint Hochgatterer, »aber damals wurde mit dem Unternehmen auch ein ganzer Landstrich am Leben erhalten. Im Wirtshaus haben wir uns beschimpfen lassen müssen, als die Stahlkrise war. Aber jetzt spüre ich, viele von den gescheiten Herren im Trachtenanzug, die damals geschimpft haben, wären froh, bei der Vöest zu sein.«

Und so pendeln die meisten Mühlviertler noch heute im Morgengrauen nach Linz und in der Abenddämmerung wieder zurück. Die Vöest spielt für Linz eine wichtige Rolle, aber Linz nicht für die Vöestler. Man fährt zur Arbeit. Man fährt wieder heim. Sonst hat man mit Linz nicht viel zu tun.

Wird seit der Vollprivatisierung in der voestalpine das goldene Kalb des Profits angebetet? Der Arbeiterpfarrer wird nachdenklich: »Als Betriebsseelsorge gehören wir sicher eher dem linken Flügel der Kirche an, und ich habe mich damals am Streik gegen die Totalprivatisierung beteiligt. Ich kritisiere das System an sich, die Weltwirtschaft auf einem Börsespiel aufzubauen. Die Dynamik der Börse macht die Reichen reicher und die Armen ärmer. Wir haben andererseits gewusst, dass die volle Privatisierung für den Standort Vorteile bringen wird, weil eine Aktie nichts wert ist, solange der Staat seine Finger drin hat. Insofern: Als Manager hätte ich auch gesagt, wir brauchen die totale Privatisierung. Das sind solche Grenzgänge, wo ich als Kritiker des Systems die Zwänge dahinter erkennen muss.«

Ob beten hilft? Der kleine »Pfarrbetrieb« in der Vöest bietet jedenfalls die Möglichkeit, das gemeinschaftlich zu tun. Auch von außen kommen Leute, die sich hier zugehörig fühlen, insgesamt sind das zwei- bis dreihundert Menschen. Jeden Samstagabend gibt es einen Gottesdienst. Nicht in der kleinen, der Heiligen Barbara, der Patronin der voestalpine, gewidmeten Kapelle, denn der Raum wäre zu klein. Hinter einer Leinwand im Mehrzwecksaal ist der Altar versteckt, der erst hervorgeholt werden muss. Priester Granegger: »Das prägt unseren Gottesdienst: Man muss die Kirche vorher aufbauen.«

Art déco und Arbeiterkirche

In das Franckviertel, benannt nach der Franck'schen Zichorienkaffeefabrik, gelangen Touristen normalerweise selten. Auf manchen schicken Postkarten, die als Werbung für *Linz 09* verteilt wurden, sah man »Bilder aus dem Franckviertel« – ästhetisch fotografierte Armut, Wäscheleinen im Hinterhof, türkische Kinder. Dem Franckviertel den multikulturellen Schick von Berlin-Kreuzberg umzuhängen gelingt aber schon allein deshalb nicht, weil es trotz (oder wegen?) einiger Sanierungsmaßnahmen noch immer kein begehrtes Wohnviertel ist. Hier wohnen die Mindestrentner, die Schwerarbeiter, die Ausländer. Diese zeigen aber nicht Flagge (wie in Berlin), betreiben nur wenige Läden (die dafür mit dem besten Gemüse und Lammfleisch) und sorgen auch sonst nicht für mehr Leben in dem zwischen Designcenter, voestalpine und Autobahn eingezwängten Viertel. Immerhin: Sollten Sie sich hierher verirren, Ecke Füchselstraße-Franckstraße steht das ehemalige Dorfhallen-Kino, heute Volkshaus, ein lupenreiner Art-déco-Bau.

Auch ein anderes architektonisches Juwel befindet sich an einem Platz, den Linz-Touristen nur zufällig finden, wenn sie sich im Autobahntunnel verirren und über die Abfahrt Muldenstraße auf die Kirche St. Michael stoßen. Außen eher unscheinbar, fast hässlich, stockt einem der Atem, wenn man diese Kirche betritt: Selten habe ich ein modernes Bauwerk erlebt, das eine so spirituelle Stimmung ausstrahlt. Die Kirche St. Michael ist auch in ihrer Bauweise zutiefst demokratisch. Die Sitzbänke stehen im Halbkreis um den Altar, der sich in der Mitte befindet. Als die Kirche für die Arbeiter am Bindermichl (so der Name des Stadtteils) 1958 geweiht wurde, erregten der Bau von Architekt Fritz Reischl, aber viel mehr noch das dreihundert Meter lange Glasfries von Lydia Roppolt die Gemüter. Heute zählt die Kirche St. Michael zu den Denkmälern moderner Architektur. Wenn das Sonnenlicht durch die vielfarbigen Fensterscheiben fällt, wird die Kirche von einem magischen, geradezu überirdischen Licht erfüllt.

Wenn wir schon einmal in der Gegend sind, möchte ich feststellen, dass dem Schönklang der Linzer Autobahnabfahrten bisher zu wenig Aufmerksamkeit geschenkt wurde. »Franzosenhausweg« klingt schon so interessant, und man lasse sich, während man im Stau steht, die Weichheit von »Muldenstraße« oder die kecke Frische von »Bindermichl« auf der Zunge zergehen!

Zum Hochofen

Kleinmünchen im Süden der Stadt war in grauer Vorzeit eine Mönchsklause und später ein traditioneller Arbeiterbezirk. Hier nutzte im 19. Jahrhundert die Textilindustrie das Wasser der nahen Traun, hier gibt es mit »Linz Textil« heute immer noch einen europaweit führenden Hersteller von Garnen und Geweben. Hier steht ein charmantes Lokal, dessen Name es als Vöestler-Lokal ausweist: »Zum Hochofen«.

»Haben Sie offen?«, frage ich, und der Wirt bejaht melancholisch: »Ich weiß auch nicht, warum alle glauben, dass bei uns nicht offen ist.«

»Im Hochofen« wird ein vorzüglicher Schweinsbraten »eingebraten«, wie man das lange Garen auf gut Österreichisch nennt, und überhaupt esse man vorzüglich, so ein Stammgast, »wenn der Heinzi da ist«. Nachsatz: »Weil die Frauen, die haben's Kochen verlernt, die sind alle von den Emanzen verdorben worden.« Sagt's und begrüßt eine eben eingetroffene, etwa sechzigjährige Frau mit »Guten Tag, schönes Fräulein«.

»Zum Hochofen« ist also kein ausgewiesenes Feministinnen-Lokal, und auch Diätfanatiker sowie Freunde feinsinniger Konversation werden nicht lange unter der Pawlatschen mit Ausblick auf die Rückseite (!) von Plakatwänden sitzen bleiben. Hier wird die *Kronen Zeitung* mit heiligem Ernst gelesen, hier kann man hören, was »der kleine Mann« über »die da oben« denkt, nämlich nichts Gutes. In der warmen Saison gibt es hier von Donnerstag bis Sonntag »Steckerlfisch«, eine wenig bekannte aber nicht wenig verbreitete Leidenschaft des Oberösterreichers: über Holzofen gebratene Fische an einem »Steckerl«, Spanfische sozusagen. Diese werden traditionell mit den Händen gegessen, dazu trinkt man Bier aus der Flasche. Hat man Glück, ist der Steckerlfisch eine Reinanke, ein Saibling, eine Forelle oder gar ein Riedling (der Ur-Steckerlfisch, der freilich nur im Salzkammergut vorkommt). Hat man Pech, steckt eine Makrele am Holz, die seit Jahren eingefroren war und dementsprechend tranig schmeckt.

Außer dem Steckerlfisch gibt es im »Hochofen« in der warmen Saison auch viele Gelsen, jenseits von Österreich Stechmücken genannt. Drum hängen in dem Gasthaus, wie anderswo Trophäen oder historische Waffen, Arsenale von Fliegenklatschen an der Wand. Ach ja, und noch etwas Erstaunliches: Ich habe hier einen Mann gesehen, der Tabak aus einer Dose auf seinen Handrücken gepudert hat, um diesen dann mit der Nase einzusaugen. Schnupftabak! Sowas gibt es hier noch, in Linz-Kleinmünchen.

Markt ohne Südbahnhof

Der Lieblingsmarkt der Linzer ist der Südbahnhofmarkt. Der Südbahnhofmarkt zeichnet sich für den Ortsfremden durch zweierlei Eigenheiten aus: Erstens befindet sich hier weit und breit kein Südbahnhof, und zweitens gibt es am Südbahnhofmarkt – etwas überspitzt ausgedrückt – mehr Lokale als Marktstände.

Der Markt trägt seinen rätselhaften Namen deshalb, weil an dieser Stelle von 1859–1872 das Bahnhofsgelände der Pferdeeisenbahn Budweis–Linz–Gmunden stand, und da es sich um eine Verbindung in den Süden handelte, etablierte sich der Begriff »Südbahnhof« – bis heute.

Die Standln hier sind alle sehr ambitioniert und nett ... Wer jetzt aber zum Beispiel einen interessanten Fisch oder einen außergewöhnlichen Käse suchte, der müsste sich vom Markt des Südbahnhofs zum Hauptbahnhof begeben und den Eilzug nach Wien/Naschmarkt nehmen. Die Linzer besuchen den Südbahnhofmarkt aber ohnehin weniger zum Einkaufen als zum Einkehren, und dementsprechend knallvoll sind die zu winzigen Restaurants und/oder Bars umgebauten Häuschen, wo man in der Früh Bier trinkt, am Vormittag Prosecco, am Nachmittag wieder Bier und gegen Abend hin einen feinen Roten. Apropos Roter: Auch der Linzer Bürgermeister wird angeblich immer wieder am Südbahnhofmarkt gesichtet. Ich nehme an, in streng dienstlicher Angelegenheit, denn es gibt sicher wenige Plätze, die so gut geeignet sind, das Ohr an den Mund des Volkes zu legen.

Eine Frage der Religion

Um einen berühmten Spruch abzuwandeln: LASK gegen Vöest, das war Brutalität … und noch heute suchen vorsichtige Menschen das Weite, wenn Schwarz-Weiße auf Blau-Weiße treffen.

Worum geht es? Um Fußball. Um Fußball in Linz. Beginnen wir mit dem älteren der beiden Vereine: Der Linzer Athletik-Sport-Klub (Linzer ASK) wurde im Jahr 1908 gegründet und ist damit der älteste Fußballklub des Bundeslandes Oberösterreich, damals noch Erzherzogtum Österreich ob der Enns. Das erste Spiel seiner Geschichte verlor der LASK gegen die Wiener Ramblers mit 0:13. Es konnte also nur bergauf gehen. Und es ging bergauf. Wer das genau nachlesen will, greife zu dem Buch »Und ewig lockt der LASK«, in dem prominente LASK-Insider, bekannte Journalisten und die beiden oberösterreichischen Schriftsteller Rudolf Habringer und Walter Kohl die hundertjährige Geschichte aufarbeiten. Das Buch ist »natürlich« im Trauner Verlag erschienen, dessen Chef Rudolf Trauner Präsident der oberösterreichischen Wirtschaftskammer und Sohn des ehemaligen LASK-Präsidenten ist.

Kommen wir zur Konkurrenz: Vöest Linz wurde 1946 als SV Eisen und Stahl gegründet, drei Jahre später erfolgte die Umbenennung des Werkssportvereins in SK Vöest Linz. Das ging allerdings nur, solange die Vöest als starker Partner im Hintergrund stand, also bis zum Beginn der Privatisierung. In den neunziger Jahren hieß der Verein zunächst FC Stahl Linz, danach nur noch FC Linz. Aus wirtschaftlichen Gründen fand 1997 die Fusion mit dem Erzrivalen LASK statt, de facto das Ende des Stahlfußballklubs. Moralischer Nachfolgeverein des SK Vöest Linz wurde der FC Blau-Weiß Linz, der von den ehemaligen Vöest-Fans unterstützt wird, die sich, so wurde mir versichert, lieber ins Knie schießen oder in den Hals stechen würden, als für den LASK die Daumen zu drücken. Und das, obwohl der LASK in der Bundesliga spielt und Blau-Weiß drei Klassen darunter in der Landesliga. Wenn LASK- und Blau-Weiß-Fans aufeinander treffen, was die Polizei zu verhindern sucht, gibt es noch heute bürgerkriegsähnliche Zustände, wissen jene Leute zu berichten, die nicht vorher schon das Weite gesucht haben. Diese Animositäten hatten im Ursprung auch politisch-ideologische Gründe, der »Sozi-Klub« Vöest bildete den Gegenpol des »bürgerlichen« LASK. Aber seit die Parteiprogramme mehr oder weniger austauschbar sind und der Klassenkampf in die Entwicklungsländer ausgelagert wurde, spielen derlei Überlegungen nur mehr eine untergeordnete Rolle.

Ich bin als Kind in München aufgewachsen und erst im Alter von sechs Jahren nach Österreich gekommen. Natürlich war ich als Münchner Kind ein FC-Bayern-Fan. So was wird man leider sein ganzes Leben lang nicht mehr los, so unsympathisch dieser Verein auch gelegentlich auftreten mag. Nun war ich Dreikäsehoch also in Österreich und wollte mir einen Verein aussuchen, den ich unterstützenswert fand. Ich beschloss, ein Fan des Tabellenletzten zu werden. Man schrieb das Jahr 1974, und Schlusslicht war: der LASK. So wurde ich zum LASK-Fan. Nicht aus politischen Gründen, sondern ausschließlich aus Mitleid.

Bekanntlich ist die Auswahl eines Fußballvereins eine frühkindliche Prägung, gegen die man später nicht mehr ankommt. Auch der in Linz geborene Historiker und Journalist Peter Huemer ist davon betroffen. Obwohl er schon lange in Wien lebt, blieb er zeitlebens ein glühender LASK-Fan. Die Fans von Blau-Weiß mögen uns verzeihen, was umso wichtiger ist, als eigentlich niemand in einen Schlagabtausch mit ihnen geraten will. Denn allein die Namen einiger Blau-Weiß-Fanclubs lassen Martialisches erahnen: »Linzer Stahlfront«, »Linzer Pyromanen«, »Blue Army«, »Donaupower«, »Bierfront Ottensheim«, »Linzer Blauhelme«, »Linzer Spider Schweine«. Letztere haben freilich nur zwei Mitglieder, weshalb eine Clubsitzung einigermaßen beschaulich ablaufen dürfte. Von der kriegerischen Ausrichtung und vom sprachlichen Niveau her strahlen die Fanclubs des LASK auch nicht gerade die gutbürgerliche Kinderstube aus: »Kommando Kremstal«, »Inferno Linz«, »Psychos Linz« und die »Linzer Suffarmee« sorgen dafür, dass es auf den Rängen nicht fad wird und sich der Verkauf von

Buttermilch und Limonade in der Stadionkantine in Grenzen hält.

Jetzt, da ich diese Zeilen schreibe, gilt der LASK als einer der Favoriten auf den Meistertitel. Wenn Sie diese Zeilen lesen, kann alles schon wieder anders sein. Gut, ein Abstieg in die Landesliga geht sich rein sportlich und zeitlich nicht mehr aus. Aber wer weiß, vielleicht wurde die Bundesliga-Lizenz des LASK so wie die des FC Pasching nach Kärnten oder in andere Ziel-1-Gebiete des österreichischen Fußballs verkauft?

Unlängst meinte ich als Bayern- und LASK-Anhänger eine Sternstunde erleben zu können: Ein Freundschaftsspiel meiner beiden Vereine auf der »Gugl«, dem Linzer Stadion. Die Karten waren furchtbar teuer. Geboten wurde bei dem matten 1:1 vor allem von den weitgehend starlos angereisten Bayern ein Auftreten, das mehr mit Arbeitsverweigerung denn mit Fußball zu tun hatte. Aber so ist das mit angekündigten Sensationen: Bekanntlich finden die nicht statt.

Macht nichts. Eines Tages sehen wir uns wieder, in Linz. In der Champions League.